기이하다 봄풀이여
산에 들어 산을 보네

기이하다 봄풀이여
산에 들어 산을 보네

초판 1쇄 인쇄 : 2025년 11월 20
초판 1쇄 발행 : 2025년 11월 24

지은이 | 송영기
펴 낸 이 | 목영만
펴 낸 곳 | ㈜명문기획

편집·인쇄 | ㈜명문기획
주   소 | 서울 중구 퇴계로31길 7(필동1가, 명문빌딩)
대표전화 | 02)2079-9200

ⓒ 송영기, 2025

I S B N | 978-89-98888-97-8(03800)
값 20,000원

저자와의 합의에 의해 인지는 생략합니다.
이 도서의 전부 또는 일부 내용을 재사용하려면 사전에 저작권자와 ㈜명문기획의 서면에 의한 동의를 받아야 합니다.

기이하다 봄풀이여
산에 들어 산을 보네

송영기 제2 시조집

명문

작가의 말

   시는 꽃이다. 아름다운 꽃이다. 무궁화 처럼 은근하게 영원히 피는 꽃이며 그 정수(精粹)다. 우리의 마음을 표출하여 심금을 울리며 영혼을 정화하는 꽃봉오리이다.

   간결한 문장과 단어의 조합으로 그 시대를 묵묵히 살아왔고, 평범한 일상(日常)을 사는 시인의 마음이며 발자취이기도 하다.

   아뭏튼 몇년 전에 이미 원고를 준비하였지만 생각과 달리 일찍 출간하지 못하고 있다가 더 미루다간 또 다른 한권의 시집 원고가 곧 준비 될것이다. 그리고 여러 관련 문학회 공저(共著)에는 꾸준히 수록되었지만 하나의 단권으로 모음 없이 산재(散在)되어 망실 될 것이 염려되기도 하였다.

   그러면 그 때 쓴 그 시들은 다시는 쓸 수 없고 되살릴수도 없다. 보통 시를 쓸 때에 첫 싯귀 첫줄이 머릿속에 언뜻 떠오른 그 순간에 바로 메모해 두지 않으면 그것도 잊어버린다. 흔히 시의 첫귀는 '신(神)이 주는 선물이요 영감(靈感)'이라 하지 않던가.

   예전과 달리 우리나라에는 근래에 수많은 시인과 시낭송가들이 끊임없이 양산 배출되어 나중에는 아마 전 국민이 시인이 될 것 같고 시낭송가 일 것 같으며 그렇게 되면 더욱 더 많은 시집이

발간 될 뿐만 아니라 각종 문학회도 역시 비례로 증가 될것이고 다양한 행사를 하게 될것이다.

시나 시인의 이름이 알려졌거나 그 이름이 나지 않거나를 떠나 각자의 시는 그 시인의 꿈이 담겨 있는 자부심이고 자랑이며 의미있는 열매이겠고, 이제는 그 많은 시인과 시 작품들에 주어지는 각종 문학상도 또한 각자에게 저마다 그대로 의미가 있을 것이다. 그렇지 아니하면 바늘 구멍이고 다 수용 소화가 아니 될 것이기 때문이다.

여하간에 일찌기 중국 동진(東晉)의 도잠(陶潛)이 지은 시 사시음(四時吟)에 "春水滿四澤 夏雲多奇峰 秋月揚明輝 冬嶺秀孤松" 은 봄 여름 가을 겨울 사계절의 특장(特長)을 읊은 절창이지만, 모쪼록 시인의 인격과 시인의 시격(詩格)에도 그와 같은 수양과 연마가 요청되는 함축적인 의미가 있는 글이라고 생각되어 나는 늘 마음에 담고 있다.

즉 " 봄물은 사방 연못에 가득하고, 여름 구름 기이한 봉우리도 많을 시고 ! 가을달 휘영청 밝음이여, 겨울 언덕 마루에 홀로 빼어난 저 소나무 ! " 라고 읊은 깊은 시향(詩香) 처럼 ....

고교시절부터 중당(中唐) 전기(錢起)의 성시상령고슬(省試湘靈鼓瑟 상강의 여신이 비파를 뜯다) 오언율시 마지막 구절에 曲終人不見 江上數峰靑 (곡은 끝나 사람은 보이지 않고, 강위에 몇몇 산봉우리가 푸르기만 하다)는 결구가 시의 모범이라고 생각하며 깔끔한 전환과 깊은 맛을 좋아했다.

한편 본 시조집 말미에 부록으로 본인이 몇몇 문학단체에서 수상할 때 그 심사위원들의 (이 번 시조집에 수록된 수상작품에 관한) 심사평들과 이전 발행했던 '송영기 시조집'에 대한 평(評) 글을 참고로 함께 게재해 두었음을 부기한다.

    끝으로 수년 전 첫 시조집 『중천 높이 걸린 저 달 』 푸른사상사 2018 간행된 책 서문(序文)에, 그 때 나의 시조집 출간을 기뻐했던 집사람을 그저 '아내' 라고 만 쓰고 '이름'을 표기하지 않아 내심 잘못됐다고 생각한 바가 있어, 이 시조집 작가의 말을 써면서 차제에 이름 '김현숙(金賢淑, 安東人)' 을 기록한다.

                                    2025. 9. 28 일요일 都雲
                                         송 영 기

축시

그 집은

유인선*

동네 사람들은 언제부터인가
그 집을
감나무집이라 부른다.

예전엔 그 집에서
새벽 닭소리가
온 동네에 들렸던 집이다.

그 집은 자연을
사랑한 집이다.

그 집은 멧비둘기가 수년간
집을 짓고
새끼를 낳는 집이다

그 집은 지금
시인의 집이다.

노란감이
정감 넘쳐 보인다.

아마
온동네 사람 즐거우라고
아마
까치와 새들 먹이하라고
남겨 놓았나 보다.

그 집은 낭만이
넘치는 집이다.

(註) 2024.11.24.(일)
*청재 유인선(青齋 柳寅先) 전 강북문화재단 이사장

차례

작가의 말　　　5
축시 | 그 집은　　8

제1부 별 헤던 밤 그리워라

엄마의 말	21
묘시(卯時)*	22
작별	23
아재비*	24
고향집 유감	25
여름밤 추억	26
환희	27
가래떡	28
개밥바라기 별	29
더위 팔고 간 친구	30
고향길 벌초	31
배꽃(梨花)	32

제2부 꽃잎이 나비 되어

홍천강변 민박	37
목탁새	38
해바라기	39
매화(白梅) 2	40
십리포 소사나무	41
산마루 진달래꽃	42
겨울산 빈 계곡	43
봄을 품은 빗방울	44
단풍	45
가을 하늘	46
춘삼월	47
초겨울 밤	48
가을 가네	49

제3부 푸르른 정 눈에 담고

낙강 뱃놀이-이준의 시 〈'秋(추)' 자를 얻어〉를 읽고	53
소쇄원(瀟灑園)	54
환벽당(環碧堂)	55
식영정(息影亭)	56
송강정(松江亭)	57
면앙정(俛仰亭)	58
담양 창평 승지(勝地)	59
황간 한천정사(寒泉精舍)	60
고려궁지*에 올라	62
악양(岳陽) 들판	63
담양 죽녹원(竹綠苑)	64
창평 현청 앞	65
담양 소쇄원(瀟灑園) 2	66
팔당, 소내 나루터에서	67

제4부 청산 속에 잊은 세월

북악산에 올라	71
북채 들고 천고(天鼓)를 두드려라	72
찹쌀떡 장수	74
6월 한낮에	75
꽃나무 가지 꺾어	76
밤꽃	77
한가위 보름달	78
청산 속에서 벌초	79
6월의 노래	80
입춘(立春) 되니	81
들삼재(入三災)	82
눈 내리는 밤	83
겨울밤 별 셋	84
늦가을 감 홍시	85
남향 창	86

제5부 어이해 더 머물지 않으셨소

벽계구곡-화서 이항로	89
메밀꽃 필 무렵-봉평, 이효석문학관 기행	90
홍천, 공작산 수타사	91
춘천, 장절공 신숭겸 유적지 소감	92
여산(礪山)을 지나며	93
번동 창령위 재사 유감(有感)	94
촉석루 의기사-논개	95
밀양 아랑각	96
제주 떠나 정읍에서- 오현단(五賢壇) 우암 송시열 적려비 탐방	97
허생원-봉평 이효석 문학관 기행	98
향토시인 가산 서병진-「님의 메아리」 출판 축시	99
여주, 명성황후 생가터	100

제6부 스며드는 범종 소리

분황사 당간지주	103
이 뭣고, 나는 누구인가-오대산 상원사	104
석모도 보문사의 가을	105
삼각산 본원정사에 올라	106
도봉산 천축사	107
관악산 관음사	108
봉선사 겨울밤	109
용문사 은행나무	110
용문사 오르는 길	111
원-조계사 대웅전 삼존불	112

제7부 해가 많이 길어 졌네

텅빈 장독을 업고	115
황간 월류봉과 한천정사	116
동경 천초사(淺草寺)에서	117
미사역 앞에서 만나	118
한가위 추석 전후	119
선산(先山) 벌초	120
무궁화 꽃 속에도	121
물 흐르는 계곡에서	122
남한산성 동문을 지나며	123
광릉 손만두집 가는 길	124
레인보우 충북 영동을 가서	125
오뉴월 밤꽃	126
강릉 바닷가	127
초파일 연등	128
붉은 장미	129
푸른 오월	130
천태산 영국사	131
진달래 사진 찍어	132
상춘 (賞春)	133
한라산 관음사	134
제비	135
2025년 선산 벌초 유감	136

제8부 꼬끼오 닭 우는 데 샛별 높이 떠 있네

한해가 또 저물어	141
등불축제-어가행렬	142
고드름	143
설중매	144
경칩날 아침	145
곡우 날에	146
가평 자라섬	147
해미읍성 소감(所感)	148
현충일 오전	149
청매실	150
장맛비 내리는 밤	151
일년의 반을 지나며	152
무더운 휴일 낮	153
초복 전 호우(豪雨)	154
영물(靈物)	155
꽃을 보면	156
말복날 앉아	157
바라춤-백중(百中)날	158
추석전 재래시장 풍경	159
추석후 낮달 뜬 아침 해	160
쇠기러기-고향생각	161
살아서 쓴 나의 비명(碑銘)	162

부록

"시조의 맛이 난다" 대상 심사평 - 시조 : 「엄마의 말」	165
대상 심사평 - 시조 「소쇄원 」 외 5편	167
시조평 - 시조 「한천정사」	169
"시조의 특징을 잘 살린 시" 문학상 심사평	170
신문예본상 수상 심사평 (제1시조집 '중천 높이 걸린 저 달')	172
축전 (제1시조집 : '중천 높이 걸린 저 달')	174
만해 한용운 연보로 본 일생과 시평(詩評)	175
송영기 의 [만해 한용운 연보로 본 일생과 시평(詩評)]에 대한 심사평	187

제1부

별 헤던 밤 그리워라

엄마의 말

엄마가 말했었지 기차 타고 어딜 갈 때
나이가 들고 보니 유심히 보는 것은
산기슭 양지바른 곳 남의 무덤이라고

젊어서 정신없이 부지런히 살 적에는
어디를 가더라도 경치 보고 꽃만 봤지
그곳에 무덤 있어도 여사(餘事)로만 지나쳤다

세월이 흐른 지금 나도 이제 고희 되니
지난날 엄마의 말 빈말이 아니어서
차창가 스치는 산에 잘 쓴 묘가 보이더라

(2022년 7월 한국문예작가회 시조부문 대상작)

묘시(卯時)*

감나무 연록 잎새 엽전 크기 자란 새봄
새벽에 일어나서 창문 열고 동녘 보니
여명의 하늘 밝히며 붉은 태양 떠오르네

해마다 이맘때면 언제나 생각나는
어릴 때 내게 해준 엄마의 그 한마디
"산(産) 갈라 놓고 밖을 보니 아침해가 솟았더라"

그 당시 나 태어난 시간이란 언급인데
시계가 없었건만 얼마나 정확한지
눈감고 해를 향해서 엄마의 말 생각하네

조신한 마음 들어 기원한 뒤 눈을 뜨면
어느새 높이 올라 밝은 햇살 눈부신데
날 낳은 엄마는 가고 나 혼자만 여기 섰네

* 묘시(卯時) : 상오 5시부터 7시까지

작별

달려온 병풍산이 작은 구롱(丘壟)* 이루어서
고개 든 한 마리 뱀* 개구리 노려보는
길 건너 보이는 동산 사시장철 푸르네

청명한 봄 집마당 노제(路祭)하고 지나갈 때
돌아본 앞산 영봉(靈峰) 흰구름이 새가 되어
날개를 높이 펼치며 서천(西天)으로 날아가네

복사꽃 핀 봄날에 구십 노인 두손 잡고
날 낳고 키워주어 고맙고 감사하다
불보살(佛菩薩) 명호(名號)하면서 잘 가시라 목이 메네

* 丘壟(구롱) : 언덕. 조상의 묘
* 사두혈(蛇頭穴) : 뱀 머리 형상의 명당 자리

아재비*

나이가 몇 살 아래 항렬로는 '아재비'로
젊을 땐 나를 보고 형님이라 불렀는 데
이제는 나도 마음 바꿔 '아재'라고 불러주네

해마다 음력 시월 시사(時祀)*를 지낼 때에
축문에 초헌으로 '아재' 이름 축(祝) 닦아서
옆에서 독축을 하니 믿음 주고 믿음 갖네

* 아재비, 아재(아저씨) : 종숙부(從淑父), 5촌
* 시사(時祀) : 묘제(墓祭), 제향(祭享). 음력 시월 보름 전에 5대조 이상의 산소
  에서 지내는 제사

고향집 유감

고향집 장독 안에 묵은 된장 말라 있고
집 뒤의 병풍산은 어둠 속에 잠겼는데
뛰놀던 마당 한켠에 돌절구가 쓰임없네

해 지자 방과 부엌 전등불에 창이 밝고
겨울밤 엄마 함께 정성으로 기도하던
올려다본 남쪽 하늘에 삼태성만 반짝이네

아버지 구십 넘어 홀로 누워 외로웁고
형제는 식탁 앞에 오랜만에 앉았건만
막걸리 잔 앞에 두고 형을 원망하는구나

(2021.2.13)

여름밤 추억

무덥고 이슥한 밤 마당에 나왔더니
들리는 청개구리 떼 지은 울음소리
총총한 별 가득하던 시골 밤이 생각나네

반딧불 반짝이며 명멸하던 한여름 밤
아버지 엄마 함께 마당에 깐 명석에서
매캐한 쑥 연기 맡고 별 헤던 밤 그립네

이제는 나도 부모 부모보다 나이 들어
모깃불 피운 밤의 땡감나무 그늘에서
부채를 부쳐주었던 아비의 정(情) 못 갚았네

환희

밤 새워 내린 봄비 학창 시절 그리운데
촉촉히 물기 묻은 싱싱한 나뭇가지
내 청춘 환희의 빛을 머금었던 그 윤기

창밖을 내다보면 어딘가 가고 싶어
흰 구름 피어나듯 희열이 감돌았고
영원한 젊은 내 엄마 생각나는 그 봄빛

옆 친구 기타 치고 즐겁게 노래하면
그리움 가슴속에 뭉게뭉게 피어올라
끝 모를 푸른 꿈꾸며 바라봤던 그 생기

가래떡

꽁꽁 언 엄동설한 섣달 그믐 앞둔 날에
지게에 떡쌀 지고 십여 리 길 걸어가서
산촌의 물레방앗간 어둑한 방 앉았네

근방의 동네서 온 대기 순번 길고 많아
하룻밤 뜬눈으로 지샌 차례 기다린 뒤
가래떡 금방 뽑으니 몰캉하고 따뜻하네

빙판길 엉금엉금 조심해서 돌아온즉
불 지핀 구들방 안 기다렸던 온 식구들
설에 쓸 떡 뚝 잘라서 산 사람이 먼저 먹네*

호롱불 심지 돋궈 자리펴고 둘러 앉아
할머니 고모 엄마 밤 늦도록 떡을 썰어
하품과 졸음 참으며 광주리에 채워 느네

* 산 사람이 먼저 먹네 : 새해 설날 아침 조상 제사에 올릴 음식을 "산 사람이 항상 먼저 먹고 맛을 본다"고 늘 엄마는 그리 말하며 내게 주었다.

개밥바라기 별

날 저문 초저녁에 대문 열고 마당 서니
해가 진 서산마루 푸른 하늘 스산한데
외로운 개밥바라기 초롱초롱 반짝이네

어릴 때 살던 초가 정지에서 어머니가
설거지 막 마치고 물 묻은 손 그대로
자싯물 수채에 버리며 바라보던 엄마 별

한 사발 숭늉 들고 부엌문 닫는 소리
고무신 벗어놓고 어둑한 방 들어갈 때
찬바람 등잔불 흔들고 굽은 허리 펴시네

더위 팔고 간 친구

보름날 이른 아침 이웃 사는 심술쟁이
잠자는 나를 깨워 끈질기게 거듭해서
"영고야 영고야" 불러 못 이겨서 답했지

엄마가 부엌에서 응대 말라 했건마는
버티고 버티다가 더 못 참아 대답한즉
"내 더위 사가라" 하고 더위 팔고 달아났네

엄마는 밥짓다가 나 들으라 나무랬고
무심코 허(虛) 찔린 난 삽짝문 바라보며
올여름 더위 먹을까 걱정하던 옛 풍속

고향길 벌초

부모도 이제 없고 형제자매 흩어지니

지난날 의지하고 살던 옛집 텅 비어서

흰 구름 뜬 청산에서 풀을 깎고 잔 올리네.

배꽃(梨花)

초가집 작은방 안 갓 태어난 첫 손자를
종조부* 사흘 만에 안아보고 육갑 짚어
귀(貴)하다 잘 키우라고 당부하며 입산했네

내 누나 아장아장 할아버지 손을 잡고
이름은 이화(梨花) 영애 시골장에 따라가다
선개산* 앞산을 향해 영고야! 외쳤다네

할버지 돌아와서 내 부모에 일러두길
다음에 아이 나면 '영고'라 이름하라
그래서 나의 아명은 내 누나가 준 것이네

총명한 어린 소녀 한여름날 장마철에
물 건너 친척집에 길쌈 갔던 할매 찾아
혼자서 개울 건너다 물에 빠져 죽었다네

살면서 잊지 못해 지장전 문턱에서
눈감고 두 손 모아 나 홀로 기원하길
극락에 왕생하기를 아미타불 명호하네

누나는 날 봤으나 나는 어려 못 봤지만
커면서 들었던 말 세월 가도 잊지 못해
애닯다 어린 누나여 연꽃 되어 피소서

* 종조부 : 금강산 보덕굴(암)의 주지 백호(白虎) 백허(白虛) 스님, 공주 마곡사 은적암에서 입적
* 선개산(仙蓋山) : 충북 영동군 추풍령면의 산. 일명 느릅산(楡山). 지방 전설에 천지개벽할 때 선개산의 산봉우리 두 개만 물에 잠기지 않아 멀리서 바라볼 때 마치 느릅나무 잎사귀 같았다 하여 '느릅산'이라고도 함.

제2부

꽃잎이 나비 되어

홍천강변 민박

팔봉산 낮다마는 멀리서도 눈에 띄고
홍천강 소리 없이 흘러 내려가는 강가
비 온 뒤 갠 푸른 산에 운무 피어 오르네

질경이 무성한 길 머위 비름 곰취 뜯고
벌레가 먹었지만 연지 찍은 저 복숭아
하나를 따 베 먹으니 고향 생각 나누나

깊은 산 인적 없어 나물 캐러 숲에 들다
계곡물 맑은 곳의 바위에 옷을 널고
흐르는 물 바라보며 지친 등목하누나

목탁새

동트자 부지런히 약수터 오르는데,
날씨가 풀해져도 여전히 손 시리고,
계곡물 얼음 밑에서 소리 내며 흐르네

박새는 나뭇가지 옮겨가며 먹이 찾고,
공산(空山)에 까마귀는 해를 빗겨 날으면서,
빈 골짝 떠나갈 듯이 크게 울며 지나가네.

어디서 들려오나 나무 찍는 맑은 소리,
청정한 이 아침에 딱따구리 목탁 치며,
날 위해 염불해주고 어디론가 사라졌네

(2019년 9월 샘터문학 최우상 수상작)

해바라기

넓적한 잎사귀는 코끼리 귀를 닮고
척박한 곳에서도 밝은 얼굴 환한 웃음
뭇 꽃을 굽어보면서 듬직하게 종일 섰네

무더운 한여름 날 큰 쟁반에 행운 담고
정열의 꿈 감추고 해를 따라 도는 단심
시샘해 해바라기라 빗대어서 조롱하나

바람이 불어온들 흔들리지 않는 성품
묵묵히 세월 견뎌 가을 되니 꿈 영글어
굽힐 줄 누가 알았나 휘어져서 목이 천근.

매화(白梅) 2

골목길 한적한 곳 봄인데 봄 아닌 듯
매화는 그 향내를 속으로 간직한 채
바람에 속살 내밀고 홀로 피어 빛나네

오가는 길손들이 무심코 보랴마는
일찍이 봄기운을 꽃피어 전하면서
고결함 뽐내지 않고 다툼 없이 먼저 폈네

십리포 소사나무

바닷가 짠바람과 서풍에 몸 맡기고
긴 세월 풍상 속에 외롭게 자랐더니
비틀린 등걸 묵은 자취 옛 탑처럼 듬직하네

움츠린 고난 속에 갈매기 친구 하며
찬 겨울 모랫바람 말없이 막아주고
봄여름 무성한 잎 피워 푸른 그늘 선사하네

산마루 진달래꽃

산 넘어 꽃이 피어 멀리까지 보이더니
먼저 핀 꽃 시들어 꽃이 지니 새가 울고
또 다른 꽃 거듭 피어 새가 앉아 꽃잎 무네

계곡에 얼음 녹아 물 흘러 소리 높고
봄바람 살짝 불어 연두색 잎 스쳐갈 때
떨어져 내리는 꽃잎 나비 되어 날아 앉네

어느새 겨울 가고 자고 나니 새싹 나서
다투며 자라지만 저 산마루 해 질 녘에
진달래 미소 짓는데 두견새가 슬피 우네

겨울산 빈 계곡

눈 덮인 산비탈에 헐벗은 뭇 나무들
등걸에 내려앉은 눈 뭉치 차가운데
겨울이 아직 깊건만 봄이 오길 기다리네

바람이 잔잔한 낮 경사진 긴 계곡에
얼음 밑 맑은 물은 끊임없이 흘러 내려
돌돌돌 경쾌한 소리 산길 가다 서서 듣네

족제비 흰 눈 위에 발자욱 남겼는데
지나며 살펴봐도 잔 물고기 흔적 없고
가을에 본 그 목탁새 또 나타나 적막 깨네

봄을 품은 빗방울

비 내려 상큼한 맛 봄을 물고 오고 있나
먼 산은 고요하고 산빛 오늘 그윽한데
빗방울 구슬로 맺혀 가지마다 아롱아롱

감나무 빈 가지에 새들이 조심조심
감 꼭지 목을 빼고 쪼아 먹던 겨울 가고
고적한 돌석상마저 비에 젖어 생기 있네

단풍

지난밤 비 쏟아져 가을 점점 깊어지고
밤사이 단풍잎은 불타는 듯 더 붉어져
아침에 창문 열고 선 내 마음도 따라 붉네

단풍잎 떨어져서 어수선한 마당 위에
떨어진 단풍잎을 아쉬워 바라보니
비 온 뒤 물든 단풍은 유난히 더 붉구나

가을 하늘

맑은 날 푸른 하늘 더없이 좋더니만

남쪽에 태풍 오니 온 세상이 먹구름 속

비바람 쓸고 가더니 푸른 하늘 또 보겠네

춘삼월

봄 오고 겨울 가니 추위 가고 세월 가네
앞산에 눈발 날려 가볍게 쌓였더니
춘삼월 꽃바람 실은 달력 한 장 또 뜯네

냉기에 움츠릴 때 봄은 항상 몰래 와서
어느새 돌아보면 화사하게 미소 짓다
춘풍에 옷깃 날리며 머무는 듯 바삐 가네

초겨울 밤

지난밤 비바람에 감나무 잎 다 떨어져
어수선한 마당을 깨끗하게 쓸었더니
이슥한 밤 텅 빈 가지 하얀 달빛 비추네

저 달은 이 밤에도 말없이 높이 떠서
가을엔 넉넉하고 이 겨울엔 차갑지만
온 세상 일체만상을 차별 없이 비춰주네

가을 가네

아침에 문을 열자 마당 앞 붉은 단풍
막바지 가을 끝에 제 몸을 불사르며
창가에 선 나를 향해 다시 보자 소리치네

밤 깊어 조용한데 담장 가 감나무엔
까치밥 붉은 홍시 가지 끝에 달렸는데
가을달 구름 속에서 미소 지며 나오네

푸르른 정 눈에 담고

낙강 뱃놀이 – 이준의 시 〈'秋(추)' 자를 얻어〉를 읽고

비봉산 청룡사의 범종 소리 좋다 하고
강 건너 병풍산의 산 그림자 비추건만
낙강에 이는 잔물결 그 그림자 거둬가네

반구정 어디 있나 죽암정 근방이요
경천대 높이 올라 들과 용소 멀리 보니
달뜬 밤 뱃놀이 시회 적벽 동파 부럽잖네

상산의 옛 선비들 배를 띄워 돌아오니
낮에는 단풍이요 밤에는 맑은 물결
삼백의 넉넉한 고장 달빛마저 희더라

(제72회 2022 임인년 낙강 범월 시제(詩祭-상주)

소쇄원(瀟灑園)

창평 땅 성산산수 광풍제월 깊은 죽림
대봉대 모정 앞에 벽오동 푸르른데
달빛에 거문고 퉁겨 명리 떠난 선비네

생사가 명에 달린 어지러운 곳 벗어나
삼대에 별원 가꿔 호남 제일 양공지려
소쇄원 사십팔영을 담고 있는 별천지

(샘문–샘터문학 본상 대상 수상, 2021년 2월)

환벽당(環碧堂)

무더운 여름 한낮 누마루서 낮잠 자다
꿈결에 용소에서 청룡이 꿈틀거려
기이해 내려가본즉 멱을 감는 소년 있네

데려와 살펴보고 욕심 나서 거두어서
외손녀 짝지우고 십 년을 가르치니
귀인이 아니었다면 옥관자를 어이 달리

(샘문-샘터문학 본상 대상 수상, 2021년 2월)

식영정(息影亭)

그림자 사라지고 흰구름 머무는 곳
식영정 높은 언덕 맑은 바람 즐기면서
별뫼와 서하당 아껴 성산별곡 지었네

정자 뒤 큰 장송은 긴긴 세월 우뚝 자라
옛 선비 기개 닮아 늘 푸르름 자랑하고
껍질은 거북등인가 늙은 목신 깃들었네

(샘문-샘터문학 본상 대상 수상, 2021년 2월)

송강정(松江亭)

송강은 어디인가 호가 어이 송강인가
환벽당 앞 창계가 식영정하 자미탄 돼
굽이친 옛 죽록천이 송강이요 증암천

창평에 내려와서 사미인곡 지은 후에
이십 리 식영정과 소쇄원을 오고 가며
어이해 노송을 벗해 더 머물지 않으셨소

(샘문-샘터문학 본상 대상 수상, 2021년 2월)

면앙정(俛仰亭)

여계천 흐르는 곳 초당 지어 은거하니
굽어서 땅을 보고 우러러 하늘 보며
높은 뜻 간직한 채로 오래도록 사시었네

젊어서 출사하여 조정의 녹을 받고
향리와 삼인병풍 추월산 벗삼으니
뜰 앞의 상수리 처럼 신목 되고 베임 없네

(샘문-샘터문학 본상 대상 수상, 2021년 2월)

담양 창평 승지(勝地)

증암천 시루바위 자미탄 배롱나무
송죽이 우거진 숲 창계천 물길 따라
물소리 낚시 즐기며 선비 풍류 꽃폈네

영롱한 석류알이 한 됫박 꽉 차 있듯
은하에 뭇별들이 띠를 이어 반짝이듯
서석대 서기가 뻗쳐 갓 쓴 선비 넘쳤네

(샘문-샘터문학 본상 대상 수상, 2021년 2월)

황간 한천정사(寒泉精舍)

월류봉 높은봉에 둥근달이 머물 적에
초강천 물에 비친 달빛은 반짝이며
강물은 옥류정 아래를 휘돌아서 흘러간다

산 높고 물 깊어서 강심은 알 수 없고
용연대 언덕에서 검푸른 물 바라보니
빠르게 물 흘러가나 물소리는 없구나

고사(高士)*는 초당 지어 한천정에 은거하며
주야로 정좌하여 일심으로 글 읽으매
산양벽 높고 험준함이 그 성품과 닮았구나

서늘한 늦가을의 날저무는 초저녁에
지금은 이름만 남은 심묘사* 옛절에서
은은히 울려퍼지는 종소리가 들리는 듯

나뭇잎 떨어진 후 초겨울의 스산한 낮
높다란 산양벽에 흰 눈발이 흩날릴 때
한 마리 새 빗겨 나는 그 적막을 아꼈더라

사군봉 좌에 두고 냉천정 있던 강가
한천을 사랑하여 머물렀던 그 자리의
유허비* 비각 앞쪽에 개망초 꽃 피었네

* 고사(高士) : 이원 구룡촌에서 태어난 우암 송시열(尤庵 宋時烈, 1607~1689). 43세에 북벌 계획이 탄로나자 내려와, 황간 월류봉 아래 냉천정가에 초당을 짓고 일시 은거하면서, 시사(時事)는 일체 논하지 않고 글 읽고 강학을 하며 제자를 길렀다 함.
* 심묘사(深妙寺) : 충남 보령 성주산문(聖住山門)의 개창자인 신라 태종무열왕의 8대손 무염국사(낭혜화상)가 김천 직지사 창건시기에 경덕왕의 초청을 받아 직지사 인근의 황간 심묘사에 주석하였는데, 그때 사미승 순인을 황간 반야사에 보내, 못의 악룡을 쫓아내고 못을 메워서 절을 창건케 했다는 설이 있어, 반야사보다도 먼저 있었던 큰 절이 심묘사이다.
* 유허비(황간 서원말) : 우암 송선생 유허비(尤庵 宋先生 遺墟碑)
* 한천팔경(寒泉八景) : 월류봉(月留峰), 산양벽(山洋壁), 청학굴(靑鶴窟), 용연대(龍淵臺), 냉천정(冷泉亭), 법존암(法尊庵), 사군봉(使君峰), 화헌악(花軒嶽)

고려궁지*에 올라

왕궁지 올라보니 옛 전각 다 어디 갔나

뒷산은 그대로고 높은 하늘 푸르른데

빈터에 누른 잔디만 가을볕에 서럽네

* 강화도
 (2020.11.01)

악양(岳陽) 들판

평사리 최참판댁 사랑채 앞 담장에서
내려다 본 기름진 땅 눈앞에 펼쳐 있어
허다한 옛이야기와 만석꾼을 떠올리네

저 멀리 섬진강물 굽어서 흘러가고
좌우로 앉은 산들 어울려 명산인 듯
비탈길 내려오면서 눈에 담아 가누나

무논에 잘 자란 벼 가을 풍년 고대하여
소작농 땀 흘리며 진종일 바삐 살던
옛 사람 밟고 간 토지(土地) 차를 타고 지나네

담양 죽녹원(竹綠苑)

지난날 이름없는 밋밋한 동산으로
오가는 사람마다 앞산 뒷산 불렀던가
이제는 맹종죽 분죽 울울창창 솟아 있네

죽록에 청기 돌아 삿된 기운 없는 이곳
결기찬 병사 떼가 긴창 들고 도열한 듯
굽은 길 오르내리며 사방에서 마주치네

하늘의 해 가리며 빽빽하게 들어차서
사계절 기운 맑고 발걸음 끊임없는
대숲의 늘 푸른 기상 선비정신 닮았네

추월산 멀리 보고 불이정(不離亭) 마루 앉아
현판의 뜻 좋아서 머물다가 일어나니
우람한 대숲 푸른 정 눈에 담아 가누나

창평 현청 앞

당산목 노거수 된 현청 앞 느티나무

그 앞의 송덕비는 어진 수령 공 기리며

오래전 저승 갔어도 이름 품고 서 있네

담양 소쇄원(瀟灑園) 2

푸른 산 깊숙하여 닭 울음 안 들리고
바위돌 위 흐르는 물소리 낭랑한데
바람에 마음 비우려 병든 세상 벗어났네

살면서 다듬은 터 청산명월(靑山明月) 내 것이고
등잔불 희미한 밤 달빛 아래 거닐다가
거문고 끌어당겨서 퉁기니 곧 신선이네

소나기 내리는 듯 대숲은 흔들리고
대봉대(待鳳臺) 앞 벽오동(碧梧桐) 잎사귀 푸르른 낮
제월당(霽月堂) 글 읽는 선비 광풍각(光風閣) 손 반기네

팔당, 소내 나루터에서

한적한 소내나루 전망대 올라보니
저 멀리 소내섬은 있는 듯 없는 듯
잔물결 강바람 타고 소리 없이 밀려오네

강 너머 용마산과 검단산은 아련하고
미풍에 미루나무 흔들리며 소리 낼 때
시름을 날려보내며 잠시 잊고 서 있네

그늘에 자리 펴고 쉬고 있는 한 노부부
강돌을 주워 와서 오이지 독 누른다나
젊은 날 나도 그랬는데 이제 모두 허사구나

(2021.6.21)

제4부

청산 속에 잊은 세월

북악산에 올라

백악의 마루 올라 사방 경치 보렸더니
우거진 나무 사이 목멱 남산 겨우 봤고
인왕산 흰 호랑이는 지척 아래 엎드렸네

멀리서 차소리는 허공에서 웅웅대고
숙정문 북쪽 문루 푸른숲에 잠겼는데
간간이 부는 서풍에 이마의 땀 식히네

평생을 오며가며 북악 즐겨 보았지만
정상에 와서 보니 북악은 안 보이고
명산에 좇이 올라서 비분강개할소냐

저 아래 아웅다웅 다툼 소리 벗어나서
왕궁을 빼놓고는 모든 경계 변한 서울
혼령도 옛 살던 집을 찾아갈 수 없겠네

북채 들고 천고(天鼓)를 두드려라

크게도 발전했네 영동과 영동인들
신라 때 소라현과 길동군이 번성하여
여기에 모인 재경군민 환한 얼굴 빛나네

영동의 지명처럼 모두가 오랜 기간
하나로 단결하고 한마음 뜻을 모아
굳세고 부지런하게 뜻 이루며 살았다

고향엔 호두 포도 포도주 영동곶감
도시엔 고향사람 곳곳에 뿌리내려
오늘 밤 함께 모여서 손 맞잡고 인사하네

영국사 은행 고목 반야사 영천 문수
양산의 강선대와 송호리 낙락장송
추풍령 선개산 아래 기이하다 봄풀이여

고향을 지키는 이 고향을 떠난 사람
따뜻한 마음으로 축배의 잔 높이 들고
이 밤을 노래하면서 밝은 내일 기약하세

월류봉 초강천물 금강 만나 황해 가듯
둥둥둥 천고를 쳐 큰 북소리 퍼져가듯
영동과 영동인이여 높이 멀리 날아라.

(2022 재경영동군민 한마음문화축제 축시)

찹쌀떡 장수

서산에 해 저물고 정지문 일찍 닫아
어둑한 구들방에 호롱불 흔들리고
"찹쌀떡 찹쌀떡 사려" 골목길서 들리네

윗목에 숭늉물과 사기 요강 놓여 있는
밤 깊어 출출해도 주전부리 별로 없고
중년의 애잔한 소리 어둠 속에 잦아지네

개들은 짖지 않고 문틈으로 찬바람만
멀어져가는 여운 마음에 담은 긴 밤
짤막한 솜이불 당겨 등 맞대고 눕는다.

6월 한낮에

간간이 비 내리고 엊그제 망종인데
올해는 나뭇잎을 갉아먹는 벌레 없고
밀보리 익어가는 때 코로나로 백신 맞네

일 년간 걱정 속에 만날 사람 꺼렸지만
봄 오자 여름인가 백 가지 꽃 절로 피어
무심한 새 지저귀고 장미꽃은 붉어라

푸르른 우리 강산 경건하고 조용한 낮
사이렌 소리 없고 저 멀리 숲속에서
진혼곡 잦아진 골에 뻐꾸기만 울어대네

꽃나무 가지 꺾어

꽃나무 작은 줄기 뿌리 뽑아 내게 주며
사무실 한켠에다 물을 주고 두라 하여
책상에 앉아 이따금 머리 들어 바라보네

햇볕이 드는 곳에 가까이 놓아두면
푸르른 잎사귀는 겨울에도 계절 잊고
예쁜 꽃 피운다 하며 자기인 양 여기라네

(2021.2.22)

밤꽃

집 앞의 밤나무에 흰 꽃향기 그윽하여
벌들이 웅웅 날고 잎사귀 무성한데
그늘 밑 머무는 한낮 봄은 이미 깊었네

꽃향기 짙게 퍼져 나무 아래 지나치다
아련한 님 생각에 정신이 아득했나
그 사람 꽃을 집더니 코에 대고 맡더라

(2021.1.03)

한가위 보름달

한가위 날 저물고 아들과 딸 사위 함께

막걸리 술잔 들고 왁자지껄 얘기하다

떠날 때 마당에 서니 정적 속에 달이 밝네

청산 속에서 벌초

호두는 영글었고 칡넝쿨 무성한데
흩어져 사는 친척 선산 찾아 오는 계절
외딴집 복실 강아지 졸랑졸랑 달려오네

일 년 새 자란 풀이 한 길은 될 듯하니
몇 년이 그냥 가면 풀동산 되겠구나
흰구름 뜬 청산 속에 묵은 묘가 아닌가

밭둑의 비탈진 길 관목 베며 올라가서
우거진 산기슭에 높이 자란 저 참나무
산소를 찾아가는 데 큰 표지석 구실 하네

살아서 곤궁해도 집안 간에 우애 있고
죽어서 산에 묻혀 오랜 세월 벌초하니
봉분이 작다 하여도 제후의 묘 부럽잖네

6월의 노래

샛노란 달맞이꽃 흐드러진 붉은 장미
개망초 피어 있는 유월 육일 푸르른 날
뻐꾸기 멀리 가까이 혼자 울어 청승맞네

장끼가 푸드드덕 외마디 소리치고
뭇새들 먹이 물고 부지런히 바삐 날 때
사이렌 장중한 소리 가슴 뭉클해지네

산하에 잠든 영혼 헛되지 않은 청춘
흰구름 벗을 하며 청산 속에 잊은 세월
목탁새 똑또르르르 날아와서 진혼하네

입춘(立春) 되니

여전히 아침 저녁 날씨는 차가워서
겨울이 끝나기를 기다리고 있는 중에
지난주 눈 내린 것은 이제 보니 봄눈(春雪)이네

오늘은 입춘이라 절에서 준 입춘부를
입춘이 드는 시각 맞추어 붙이나니
계묘년 새해 첫 절기 진정으로 시작됐네

아직도 쌩고롬한 겨울 추위 남았는데
뜰 앞의 잣나무 속 멧비둘기 둥지에서
떨어진 알 껍데기는 벌써 줄탁*했단 말가

* 줄탁 : 줄탁동시. 병아리가 알에서 깨어나오기 위해서는 새끼와 어미 닭이 안 팎에서 서로 쪼아야 한다는 것.

들삼재(入三災)

설 쇠고 초이튿날 대웅전 법당에서
내 마음 정화되는 스님의 묘(妙)한 진언
징 치고 목탁 두드려 신장들도 들었겠네

계묘년 새해 되니 잔나비 쥐 용띠 셋
삼재가 들었다 해 콩·팥·깨 계란 싸서
엎드려 삼재팔난이 소멸되길 빌고 섰네

어제는 삼각산의 약수터에 올라갈 때
이제는 텃새가 된 나의 친구 탁목조(鳥)가
삼재귀(鬼) 쪼듯 매섭게 따라오며 나무 찍네

눈 내리는 밤

세상은 온통 캄캄 추위도 매서운데
가로등 불빛만이 적막한 길 비추고
공중에 웬 화살인가 촘촘히도 날아오네

사람들 일찍 귀가 따뜻한 방 안에서
가족과 앉아 쉬는 조용한 긴 겨울밤
어둑한 골목길 위에 눈만 펄펄 내리네

(2021.1.11)

겨울밤 별 셋

움츠린 목을 가눠 귀가한 늦은 밤에
희미한 내 그림자 계단에 어렸는데
현관 앞 오르다 말고 뒤돌아서 하늘 보네

학생 때 엄마 함께 오늘 같이 날 추운 밤
두 모자 정성으로 빌던 마당 다르지만
그때와 같이 이 밤도 반짝이는 별이 셋*

뜰 앞의 잣나무 뒤 저 멀리 남쪽 하늘
조용히 깜박이는 가물가물 오리온좌
마음속 남은 근심을 털어볼까 빌며 섰네.

* 오리온 자리. 하늘의 적도 양편에 걸쳐 있는 별자리의 한 가지. 중앙에 있는 세 개의 별은 겨울에 가장 잘 보임.

눈 내리는 밤

세상은 온통 캄캄 추위도 매서운데
가로등 불빛만이 적막한 길 비추고
공중에 웬 화살인가 촘촘히도 날아오네

사람들 일찍 귀가 따뜻한 방 안에서
가족과 앉아 쉬는 조용한 긴 겨울밤
어둑한 골목길 위에 눈만 펄펄 내리네

(2021.1.11)

겨울밤 별 셋

움츠린 목을 가눠 귀가한 늦은 밤에
희미한 내 그림자 계단에 어렸는데
현관 앞 오르다 말고 뒤돌아서 하늘 보네

학생 때 엄마 함께 오늘 같이 날 추운 밤
두 모자 정성으로 빌던 마당 다르지만
그때와 같이 이 밤도 반짝이는 별이 셋*

뜰 앞의 잣나무 뒤 저 멀리 남쪽 하늘
조용히 깜박이는 가물가물 오리온좌
마음속 남은 근심을 털어볼까 빌며 섰네.

* 오리온 자리. 하늘의 적도 양편에 걸쳐 있는 별자리의 한 가지. 중앙에 있는 세 개의 **별**은 겨울에 가장 잘 보임.

늦가을 감 홍시

참새가 날아와서 감 홍시 쪼아 먹고
까치도 날아 앉아 그 홍시 파서 먹고
가지 끝 매달린 홍시 보시하는 감나무

남겨둔 감을 보며 주인은 뿌듯하고
찾아온 산새 들새 고운 단맛 즐기는데
차가운 날 창공 아래 배 부른 너 흐뭇한 나

남향 창

고드름 달린 혹한 햇빛 드는 방 안에서
조릿대 서걱이니 바람 온 줄 알겠고
그림자 비친 큰 창문 병풍보다 낫구나

정오 전 낮게 드린 찬 겨울 따스한 빛
풍경과 푸른 댓잎 바람 따라 일렁이며
창호에 어른거리니 내가 가진 청빈이네

남창에 바람 일고 햇살이 빗겨진 날
마주한 책거리에 낮도깨비 춤추는 때
청복을 앞에 둔 서생 한 자연인 앉아 있네

제5부

어이해 더 머물지 않으셨소

벽계구곡 - 화서 이항로

청화산 서쪽 기슭 은거하며 사던 선비
제월대 뜬 밝은 달 벽계천에 마음 씻고
이따금 부는 바람에 그 맑음을 즐겼네

학창의 가다듬고 서책 펴고 앉았으니
건너편 언덕 넘어 문인들 찾아옴에
담담히 묻고 대답하며 고금의 일 논했네

산 넘어 큰 강 있고 산새 우는 노산 아래
흰구름 벗하노니 하루해가 느긋한데
늙도록 천 리 밖에서 근심하며 붓 들었네

올바름 추구함이 평생의 실천이요
그름을 물리침에 주저함 없었더니
산림에 숨어 있어도 조당(朝堂)에서 알았네

(2022년 11월 천등문학상 본상 수상작)
(2021. 07. 25)

메밀꽃 필 무렵 – 봉평, 이효석문학관 기행

낮에는 암샘을 낸 나귀가 소란 피고
시냇가 물방앗간 흰 달빛이 비추는 밤
메밀꽃 흐드러지게 핀 몽환의 저 꿈길

반평생 마음 끌려 오고 간 봉평장터
하매나 찾아 헤맨 하룻밤 깊은 인연
충주집 객주에 들러 한잔 술로 달래네

세 사람 도론도론 대화장에 가는 밤길
옛얘기 거듭해도 오히려 신이 나고
채찍 쥔 손 흔들며 가는 왼손잡이 둘이여!

입동(立冬)에 봉평 오니 메밀꽃 이미 졌고
한 사람 작가 나서 근방이 다 사람 꽃밭
때마침 흰눈 흩날려 산마루에 눈꽃 폈네

(2022년 7월 한국문예작가회 기행문학상)

홍천, 공작산 수타사

그 선승 풍수대가 많은 사찰 창건주네
산 찾아 물길 따라 이 강산 골골마다
눈 밝은 소성거사가 수행한즉 절 되네

석장이 어디 있나 지팡이 꺾어 짚고
한철을 머문 곳이 부처님 앉을자리
산중의 맑고 청정한 염불 공양터라네

(2021년 한국문예작가회 기행문학상)

춘천, 장절공 신숭겸 유적지 소감

화급함 빠져나와 왕산 독좌했던 주군
돌아와 붉은 넋을 광해주에 예장(禮葬)하니
청산에 누워 있어도 외롭지가 않구려

다시금 그 님 위해 한 목숨 바릴 건가
대의가 막중하여 감당하기 쉽지 않고
봉분 셋 잔디 푸른데 잊혀질 리 없어라

왕산(王山) : 대구 공산(公山) 전투지
독좌(獨坐) : 독좌암(獨坐岩)
주군(主君) : 고려 태조 왕건
장절공(壯節公) : 신숭겸(申崇謙) 장군
광해주(光海州) : 춘천

(2021년 한국문예작가회 기행문학상수상)

여산(礪山)을 지나며

절기는 대설인데 봄같이 청명한 낮
휴게소 들렀다가 우연히 정자 올라
가람이 남긴 옛 시조 돌비석을 보누나

학자의 맑은 정신 몇 수에 드러나고
꾸밈이 없는 소탈 푸른 쪽물 배어날 듯
한 시절 이름 내시고 옛사람이 되었네

넓은 들 수려한 물 인심이 넉넉한 곳
여산과 은진 고을 우리 삼송 관향인데
선생의 고향 여기라 이웃사촌일레라

번동 창령위 재사 유감(有感)

벽오산 동산 아래 격조 높은 궁실 재사
신혼 마마 부귀 두고 일찍 가니
금베개 품고 잔 부마 홀로 살며 쓸쓸했네

삼간택 통과했던 그 운명이 남달라서
궁에서 곱게 자란 금지옥엽* 짝이 되니
짧은 생 한이불 아래 마음 주던 상전일까

송현동 창령위궁 높은 대의 주인인데
명부에 적힌 수명 부질없는 봄꿈인가
도성 밖 동북 먼 곳의 푸른 숲에 잠들었네

* 복온공주(福溫公主, 1818~1832) : 순조임금의 둘째딸,
  순조 30년(1830) 12세 길일에 혼인, 15세에 졸함

촉석루 의기사 - 논개

남강 뒤 넓은 지붕 높은 누대 마루 올라
앉아서 맑은 바람 흐르는 땀 식히고
굽어본 푸른 강가에 솟은 의암 말이 없네

승냥이 울부짖고 의인 모두 스러져간
바위에 섰던 가인(佳人) 어디에서 볼 수 있나
가락지 단단히 끼고 사당 안에 홀로 섰네

밀양 아랑각

비 오는 저녁 이미 방문객들 인적 없고
관리인 옆문 열어 불 비추며 기다릴 때
어둑한 마룻바닥에 엎드리며 참배하네

그림 속 녹의홍상 고운 아씨 서 있는데
낭자는 신령이되 마음으로 말 전하니
사당 앞 남천강물은 지난일들 씻어갔네

제주 떠나 정읍에서 –

오현단(五賢壇) 우암 송시열 적려비 탐방

삼천 번 실록 거명 오히려 구차하다
살아서 올곧음을 가르치고 지켰으니
주상의 탑전에서도 주저함이 없었네

강진서 뱃길 가다 보길도 머물렀고
탐라서 석달 열흘 한양으로 압송 중에
정읍서 만난 금부도사 저승사자로구나

공자님 수명 팔십 송자도 잘 아심에
의연히 사약 받고 한 사발 더 청하시니
문하에 제자 구름 같고 죽어 명성 만대 가네

가슴에 쌓은 학문 일신에 담은 덕망
흐르는 강물처럼 도도하고 줄기차서
고종명 아니 했어도 이 강산을 굽이쳤네

허생원 – 봉평 이효석 문학관 기행

파장 후 들른 주막 국밥상 앞에 놓고
고달픔 잠시 잊고 술 한 사발 들이켜며
주모에 늘 농 던져도 마음 둔 곳 따로 있네

메밀꽃 핀 넓은 들 일상으로 지나치며
장 따라 도는 인생 눈 감고도 익숙한 길
나귀도 졸며 걷는 밤 추억 안고 오갔네

흐르는 달빛 아래 술 취한 일행이 셋
당나귀 재촉하며 흔들흔들 가는 이여
때묻은 소맷자락에 그리움이 절어 있네

향토시인 가산 서병진 - 「님의 메아리」 출판 축시

일찍이 학교장과 장학사 봉직하여
사십 년 쌓은 경력 청렴함과 믿음 주니
그 성품 꼼꼼할 테고 곧은 삶을 버릴손가

고향을 잊지 않고 늘 읊조린 향토시인
때로는 직성으로 본 그대로 직설하고
뒤돌아 다시 생각해 인정으로 달래네

고성의 기생 월이 가산 글에 이름 올려
당항포해전에서 승리 이끈 숨은 노력
마침내 공덕 드날려 모르는 이 없게 됐네

한세월 교직자로 쌓은 공적 적지 않고
출생지 떠나와서 글을 짓고 활동하며
늙도록 문우들 만나 술잔 들고 웃었구려

여주, 명성황후 생가터

잠자는 누에처럼 뒷산은 유순하고
앞들엔 점봉천과 초생달 아미(蛾眉) 안산(案山)
평온한 터에 나셨는데 앞길 어이 험난했나

묘막집 살던 부모 큰 바위에 소원 빌고
감고당 선대(先代) 마마 현몽하여 조신함에
의지할 가지 없으나 부러운 복 받들었네

제6부

스며드는 범종 소리

분황사 당간지주

명활산 분황사에 원효스님 목탁 칠 땐
남산을 바라보는 대가람이었는데
주춧돌 큰 당간지주 옛 영화가 가뭇없네

금당과 보광전에 왕공귀족 소원 빌 때
장대한 약사여래 왼손에 약탕 들고
금빛 옷 자비한 얼굴 슬픈 중생 살피셨네

서라벌 큰 절간들 전란으로 불태워져
분황사 황룡사의 경계마저 모호한데
돌거북 당간 받치고 묵언하며 터 지키네.

(경상북도 이야기 보따리 수기공모전 입선, 2020)

이 뭣고, 나는 누구인가 – 오대산 상원사

해 저문 깊은 절에 신도들이 가득하고,
방마다 전각마다 환하게 불 밝은데,
스님이 치는 범종 소리 전나무숲 스며드네.

수미단 높은 대에 총각두발 문수동자,
온몸의 금빛 광채 오대광명 나투시며,
오대산 상원사에서 머무신 지 오백여 년,

계곡의 바윗돌에 관대를 걸어놓고,
남몰래 부탁하는 임금님 등 씻겨준 후,
홀연히 사라졌다가 이 도량에 현신했네.

문수전 계단 아래 돌 고양이 머리 잡고,
간절히 기원하며 서 있는 이 중생은,
무엇을 빌고 있는가 왜 이 산에 올랐는가.

(2019년 9월 하동 횡천강 야단법석 축제 가작)

석모도 보문사의 가을

비탈길 오르면서 잠시 멈춰 안아보는
낙가산 일주문 뒤 두 그루 큰 소나무
바다를 그리워하다 늙은 용이 되었네

늦가을 해 기울고 단풍 좋은 절마당에
서둘러 계단 밟아 와불(臥佛) 돌고 내려오니
앞바다 잠기는 해가 노을 속에 붉구나

삼각산 본원정사에 올라

초파일 지났어도 절 마당에 걸린 연등
축원지 바람 따라 불빛 타고 흔들리는
적막이 흐르는 밤에 보름달이 나를 맞네

부처님 들으시라 스님의 목쉰 축원
법당에 가득했던 신도들이 하산한 뒤
문 닫힌 절간 빈 계곡 둥근 달이 밝구나

밤중에 자식들과 뒷절에 올라가서
맑은 물 흐르는 곳 약사불에 촛불 켜자
갑자기 개 짖는 소리 낯선 손님 경계하네

(2021.6.02)

도봉산 천축사

해제된 거리두기 무겁던 마음 털고
일행을 놓칠세라 인파 속에 산길 올라
눈부신 산 깊숙한데 산 벚꽃이 반기네

멀리서 산을 보다 산에 들어 산을 보니
더 먼산 굽어보고 산속 경물 정감 있어
절에서 경 치는 소리 언덕 위서 나누나

계곡의 큰 바위는 골짜기 명물이고
빼어난 선인봉은 흰 도포 입은 신선
신령한 불보살 모신 도량임을 알겠네

탱화 속 호랑이는 눈에 불 켜 나를 보고
탈속한 나반존자 노송 아래 홀로 앉아
지극한 신도의 발원 비답 없이 듣고 있네

절 뒤쪽 마당바위 빗기 서서 조망하니
저 멀리 100층 롯데 관악산 남산타워
서울의 랜드마크로 동남방에 손색없네

관악산 관음사

가파른 언덕 올라 산새 우는 푸른 숲속
나 홀로 법당 들어 삼존불에 삼배할 때
관세음보살 염불 소리 은은하게 들리네

향로에 향 꼽으며 부처님 올려보니
꿰뚫어 보는 듯한 맑고도 고귀한 눈
공경한 마음 절로 나 두 손 모아 반배하네

삼성각 수미단상 선정에 든 나한* 한 분
어이해 두 손으로 귀를 막고 계시는지
그분께 다가가 앉아 묵은 소원 빌고 왔네

---

* 나한 : 오백나한(五百羅漢) 성중(聖衆). 아라한(阿羅漢)은 모든 번뇌를 끊고 열반의 경지에 이른 성자로 더 이상 육도윤회(六道輪回)를 하시 않는 최상위의 깨달은 자이다. 여래십호(如來十號)에 부처님도 아라한이다.

봉선사 겨울밤

해 지자 광릉 숲이 어둠 속에 묻혔는데
착 가라앉은 정적 산중의 절에 올라
큰칼 든 금강역사의 고함 듣고 숨 죽이네

법당 안 세 분 부처 삼배하고 앉았더니
염불을 듣는 마음 갖은 망상 일어나고
초승달 서쪽 하늘에 탑에 걸려 떠 있네

석탑은 무심하나 쌓인 인연 무거운데
천년을 돌고돌아 오늘 여기 함께 서서
손 잡고 재회를 하니 찬 기운을 가르네

법상 위 촛불 꺼진 텅 빈 마당 둘이 걸어
부릅뜬 눈 사천왕 두 손 모아 염원한 후
파아란 하늘바다에 흰 돛단배 띄우네

(2021. 1. 17)

용문사 은행나무

서라벌 젊은 왕자 용문에 들어와서
눈물로 설잠 자고 베옷 입고 떠나기 전
슬픔과 한(恨) 여기 묻고 단발령을 넘었네

긴 세월 풍상 이겨 살아 있는 천년 거수
노스님 생각 있어 은행나무 꺾어 짚고
손때를 묻히시더니 꽂아두고 가셨네

흰 구름 창공 높이 머문 듯 흘러가는
가을에 황금 가사 법신 가득 둘렀다가
서리에 벗어던지고 찬바람에 웅웅 우네.

용문사 오르는 길

나무는 고불이고 바윗돌은 탑과 보살
물소리 독경 같고 푸른 하늘 거울인데
길가의 고운 단풍이 내 마음을 빼앗네

미소전 나한상에 절할 때 풍경 울고
칠성각 참배할 땐 까마귀 울며 날아
산령각 문밖 청산에 흰구름이 떠가네

원 - 조계사 대웅전 삼존불

스님의 염불 소리 바람개비 돌듯 돌돌

장대비 쏟아지듯 북소리 뚜다다닥

대장부 부처님 큰 귀 만 가지 원(願) 다 듣네

제7부
해가 많이 길어 졌네

텅빈 장독을 업고

아버지 나 어릴때 사랑으로 북돋우고
자라서 학생일때 자랑으로 여기시며
졸업날 달 뜨오르니 눈을 감고 기원했지

동창과 술 마시며 갚지 못함 회한하니
한켠에 투박하게 놓인 장독 가리키며
아버지 생각하면서 업어보라 말하네

(2023. 12.17)

황간 월류봉과 한천정사

월류봉 머무는 달 봐도 좋고 듣기 좋고
그 기슭 산양벽은 절벽이 빼어나서
서둘러 명소에 들려 가까이서 바라보네

월류봉 아래 한천 서쪽으로 흘러가고
가파른 바위 벽면 시냇물에 어린 저녁
송선생 기린 정사는 인적없어 적막하네

이곳은 수백년전 심묘사 옛 절터로
마당에 탑 부재 돌 잡석처럼 하나 있고
누구도 큰 절 있었음 아는 사람 드므네

달뜬 밤 오봉 위에 둥근달 걸린 절경
이 마을 주민들은 늘 무심히 볼터인데
객지서 온 여행객은 마음으로 보고가네

옛 선비 즐긴 풍류 달처럼 맑고 밝아
산마루 높이 뜬 달 생각하면 그리운 데
사진을 찍어 가지만 푸른산에 달은 없네

동경 천초사(淺草寺)에서

칠년전 친구 함께 천초사 들렸을 때
오엔(五円)을 던져넣고 관음전 참배한후
뽑아본 관음참에는 대길(大吉)운수 있었지

칠년후 다시와서 동전을 함에 넣고
산(算)가지 뽑아들어 나온 운수 훑어 본뒤
관음참 기꺼이 접어 호주머니 넣어 오네

금룡산 금룡 조각 뇌문(雷門)에서 올려보며
한손을 길게 뻗어 만져 본 용 여의주
저마다 소원을 비는 인파속에 나도 섰네

(註) * 淺草寺 (센소지, 일본 도쿄)
   * 金龍山 雷門 (가미나리몬)
   * 觀音識 (관음참)
   * 五円 二緣 * 미구지 - 운세뽑기
   * Only if you drew a bad fortune,
    please tie it to a rack.
   (2023.10.07)

미사역 앞에서 만나

초가을 늦은 오후 길 걷는 친구가 셋
미사역 앞 즐비한 아파트 신 시가지
오래된 옛 기억 속엔 바람 쐬러 왔었던 곳

강건너 둘레길 숲 언덕 위 커피숍 올라
가득찬 커피 놓고 옛 명인들 화제 삼고
길에서 본 관상장이 그가 한말 하고 웃네

강가에 수양버들 흐드러져 푸르른 데
검단산 예봉산에 운무가 덮힌 저녁
석쇠 위 고기 구우며 옛 얘기로 밤 깊네

한가위 추석 전후

엊그제 문인 만나 송해 길 이층에서
늦도록 마음 놓고 이 얘기 저 예기로
그날도 편하게 들려 치맥집에 앉았네

어제는 재래시장 줄서서 송편사니
음식점 값 올랐듯 사과 배도 비싸졌고
여전한 장수막걸리 조상님도 맛 들었지

느긋한 추석 오후 특유의 가을 날씨
공기는 서늘하고 햇쌀은 따가워서
백과(百果)는 성장 멈추고 들녘에서 익어가네

선산(先山) 벌초

사람이 밟고 가면 없던 길도 생겨나고
인적이 끊어지면 있던 길도 없어지니
우리는 인연 따라서 오고 가니 다 길이네

지난해 왔건마는 잡목이 무성해져
낫 들고 풀을 베며 옛길 찾아 길 만들며
산소 앞 큰 참나무를 찾아가니 이정표

초가을 뜨거운 낮 5촌 6촌 함께 만나
흰구름 뜬 하늘이 바람 불어 청명한 데
이 다음 젊은 아이들 벌초하러 여기 올까

무궁화 꽃 속에도

지나다 드려다 본 길가에 핀 예쁜 꽃
분주한 한 방문객 비 좁은 방 돌아 들어
올 때는 빈손이더니 돌아 갈땐 포대화상

뚱뚱보 큰 호박벌 무궁화 꽃 탐하여
금가루 흠뻑 묻혀 여전히 웅웅 대며
무심히 꽃 피었는 데 벌은 종일 바쁘네

(주) 포대화상 - 布袋和尙

물 흐르는 계곡에서

약수물 통에 받아 언덕길 내려가다
저만치 밝은 햇쌀 무리진 여름꽃 밭
노오란 나리꽃 하나 목을 빼고 서있네

계곡의 물소리와 매미 소리 한데 얼려
여름낮 풍경으로 귀에 익어 싫지 않고
피서온 사내 아이들 물놀이로 정신없네

오늘도 매주 한번 올라 오는 집 뒷산 속
닳아서 반들반들 바위돌 위 흐르는 물
말없이 발 담그고 서 집에 갈 줄 모르네

남한산성 동문을 지나며

삼전도 치욕 담은 남한산성 깊은 산속
성안의 임금 신하 잠못 이룬 높은 처소
성루엔 묵묵한 누각 열린 성문 휑하네

허기에 지친 장졸 추위에 떤 백성들
오랑케 파죽지세 빗발친 항복 재촉
성문을 나서는 행렬 찬바람이 매섭네

아우성 사라지고 지난 역사 비참했던
피난처 명소되어 울창한 숲 빛나고
반백년 서울 살면서 오늘에야 들렸네

광릉 손만두집 가는 길

장맛비 느닷없이 줄기차게 쏟아 질 때
딸 자식 혼기가 찬 동승한 고향 지인
나이와 직업 밝히며 당자 있나 묻누나

비그친 푸른 앞산 흰 구름 낮게 뜨고
길다란 회랑 따라 청포도알 옹골찬 데
테이블 위에 차려 논 술안주가 푸짐하네

상추는 풀숲에서 마디 마디 싱싱하고
도랑엔 황톳물이 출렁이며 흐르는 날
주인이 주는 산삼주 몇잔이나 마셨나

붉그레 취한 얼굴 말투는 그침 없고
잔잡고 건배하며 호쾌한 웃음 소리
비갠뒤 바라본 산색 눈과 마음 맑게 하네

* 당자 - 當者, 산색 - 山色

레인보우 충북 영동을 가서

노근리 철길 터널 벌집 같은 총탄 자국
엄마는 죽었는 데 아기는 젖을 빨고
아우성 사라진 들에 장미꽃이 만발했네

험준한 산양벽은 월류봉 얼굴인데
오늘도 초강천은 서쪽으로 흘러가고
찾아온 고향 사람들 이 경치를 담아가네

백화산 깊숙한 곳 아담한 반야사 절
삼존불 그윽하게 찾은 중생 굽어보고
긴 꼬리 세운 호랑이 산 자락을 밟고가네

가야금 국악기의 행사장 풍악소리
무대에 오른 가수 '인연' 노래 들으면서
지치고 힘든 내 마음 위로하고 달래네

오뉴월 밤꽃

봄꽃 진 들과 산에 묏비둘기 구구 울고
푸르른 숲속에는 밤꽃이 한창 인데
꽃이라 말하기에는 수수해서 싱겁다

핀 꽃이 화려하면 열매는 부실한 데
나리꽃 들에 피고 여기 저기 밤나무 꽃
쿰쿰한 향내가 있어 알밤 셋을 잉태하나

어이해 밤에 피어 꽃 이름 '밤'꽃인가
사람들 오며가며 눈길주지 않는다만
오뉴월 태양볕 아래 추석 오길 바라네

강릉 바닷가

바닷가 사는 사람 늘 보는 바다인데
서울서 바삐 살다 오랜만에 강릉 와서
소나무 푸른 숲 너머 물결치는 바다 보네

한적한 해변가에 바람은 잔잔하고
바쁘게 사진 찍는 함께 온 문학동인
갈매기 없는 백사장 흰구름이 갈매기네

망망한 수평선은 하늘 닿아 아득한 데
창밖에 동해 바다 파도는 밀려 오고
옆 사람 잔 부딪치고 농(弄)을 하며 껄껄웃네

초파일 연등

부처님 오신 날은 일년 중 좋은 계절
해마다 훈풍 불어 가슴 들뜬 날이지만
올해는 이 축제날에 하늘에서 비를 주네

신심을 일으켜서 해마다 가는 절에
대웅전 삼존불의 초탈함에 의지하여
삼배 후 감았던 눈떠 다시보니 광채 가득

스님의 염불독경 막힌 가슴 뚫어 주고
징소리 종소리에 부처님 큰 귀 열어
불자들 가족 이름을 빠짐없이 다 듣네

법당 안 천장 가득 걸어 놓은 연등마다
중생의 세속 이름 적은 명지(名紙) 수북한데
미소 띤 부처님 얼굴 무언하고 계시네

정구업 진언 읽어 때묻은 입 맑게 씻고
스님은 새벽부터 염불하여 목이 쉰듯
엎드려 세번 절하고 성불(成佛)하라 인사했네

* 註 : 淨口業眞言 (정구업진언)

붉은 장미

어릴 때 시골 동네 최선생님 집에 가면
우물 옆 낮은 담장 길다란 돌담 위에
정성껏 전지한 장미 덩쿨마다 피었지

화훼를 즐겨했던 그 기와집 솟을 대문
텃밭에 가꾸어 논 수북한 함박꽃도
부러운 마음 가지고 그 곳서 첨 보았지

이담에 나도 크면 저렇게 살아 볼까
이제는 내집 화단 꽃들이 피고 지면
다정히 날 대해줬던 옛 어른들 그립네

푸른 오월

봄날은 간다 더니 그 좋은 봄날 한창
상큼한 오월 아침 밝은 햇살 푸른 하늘
청계산 과천 대공원 고향사람 함께 갔네

준비한 음식 펼쳐 자리에 둘러 앉아
가져온 술안주에 한모금씩 입 추기고
옛 얘기 웃음 추억담 리푸트를 타고오네

세상일 잊어볼까 나들이를 나왔지만
경치도 소용없고 놀이마당 마찬가지
오로지 있어야할 건 그 사람이 아닌가

천태산 영국사

옛부터 영국사의 이름 많이 들었는 데
평생에 몇번이나 찾아와 볼것인가
만세루 앞 은행고목 천년 넘어 살았네

언덕을 돌아 들어 바라본 천태산은
대웅전 법당 뒤에 백호 처럼 웅크리고
스님이 친 목탁예불 공양삼아 들었네

바람에 풍경 울고 흰구름 머무는 곳
청산에 절집 있어 사시사철 사람오니
비로소 산이 산답고 절도 또한 절답네

진달래 사진 찍어

외로운 청둥오리 물가에 홀로 앉아
뭔일을 생각타가 움추린채 졸고 있나
봄되니 맑은 물소리 멀리까지 들리네

활짝 핀 진달래 꽃 옛 정취 그대론 데
쏴하는 솔바람은 머리 속 훑고 가고
갑자기 청딱다구리 나 들어라 나무 쪼네

찬기운 봄볕 아래 청정한 저 진달래
예전엔 꺾었으나 이제는 사진 찍어
친구에 먼저 보내어 내 마음을 전하네

상춘 (賞春)

봄 화단 손질하던 길가 집 김선생이
날 보고 오랜만에 뵙는다 인사하는
봄볕이 따스한 오후 상춘하는 느긋함

며칠새 파릇파릇 돋은 난초 우북한 데
갓피운 흰 매화는 찬 바람에 의연하고
짝지은 새들은 즐겨 짹짹이며 쫓아가네

산밑의 동네길을 지나가는 뭇 등산객
오가며 담장가의 꽃과 집 구경하니
새봄을 즐기고 있음 목소리로 알겠네

쌍쌍이 나는 새가 봄날의 풍경인 데
해마다 상사화는 잎이 먼저 나왔는가
봄꽃은 흔들리는 데 해가 많이 길어졌네

한라산 관음사

한라산 관음사가 소문 난 절이라서
대웅전 여러 법당 불보살께 향 사르니
가을볕 좋은 오후에 인연 닿은 절이네

산신각 계단 아래 할망에 소원 빈 뒤
둥근 돌 쓰다듬고 가볍게 들었는 데
두번째 다시 올리자 소원 돌이 천만근*

언덕 위 높은 대에 우뚝한 미륵대불
엎드려 기원하고 합장하고 원을 돌 때
까마귀 떼 내려 앉아 울어대며 공양 쪼네

* 설문대 할망 소원돌 : 첫번째 들때는 가볍게 들어 올려지고, 두번째 들어 올릴때는 자석처럼 아래서 끌어당겨 들어 올리지 않아야 좋다고 한다. 실제로 그러했다. * 천근만근 (千斤萬斤)

제비

빨랫줄 옹기종기 모여 앉은 어린 형제

천만리 머나먼 곳 엄마고향 들렸다가

오는 봄 고향집 찾아 돌아와서 지지배배

2025년 선산 벌초 유감

무심한 조상 산소 족보에서 찾아보면
옛 사람 묻힌 자리 얼렁뚱땅 기록해서
배운 나 여기에 와서 누구 무덤 이던가

올해도 벌초하고 술잔 붓고 가는 김에
내 살 던 고향집에 잠시 들려 둘러보며
수년 전 엄마가 담근 큰 장독대 열어보네

엄마는 일찍가고 아버지 혼자 살며
외로이 집 지키며 살다갔던 그 정든집
이제는 동생이 차지 나는 애써 아니가네

죽으면 나도 훗날 고향에 묻힐 텐데
아버지 엄마 묘에 술 한잔 부어 놓고
저 멀리 앞산 풍경을 올때마다 바라보네

어릴 때 즐겨갔던 살구지 마을 가서
옛 친구 마당 서니 양철지붕 다 낡았고
마당엔 잡초만 무성 살던 사람 가고 없네

엄마와 나 아침에 땡감 주워 먹을려고
콩밭에 떨어진 감 정신없이 줍는 중에
밭 주인 부잣집 할매 사모님 왜 여기 왔나

머쓱해 하던 때가 아직도 기억나니
아무도 모른다네 배고팠던 그 옛시절
여름날 국수 삶으면 한사발을 주고 갔지

이제는 모두 부자 옛 마을의 큰 부자집
부러워 할것 없고 알맞은 살림살이
지난날 엄마 살던 때 그리워서 한숨짓네

(2025. 9.14 일요일)

제8부

꼬끼오 닭 우는 데
샛별 높이 떠 있네

한해가 또 저물어

가로수 은행나무 한여름 푸르르고
가을에 단풍들어 노란 잎 빛나더니
한겨울 앙상한 가지 겨울 하늘 차구나

내일은 양력 섣달 그믐되는 마지막 날
열두달 다 지나니 새 달력 바꿔 걸고
너와 나 살아온 날들 세월 속에 묻히네

밝아 올 또 한해도 해와 달 뜨고 지고
흐르는 세월 따라 우리도 늙어 늙어
주마등 처럼 지난 날 쌓아온 삶 스쳐가리

(2024. 12.31)

등불축제 – 어가행렬

임금님 위용 갖춰 화성 행차 가시는 데
말타고 호위하며 따르는 행군 대열
대오가 정연도 해라 장엄하고 엄숙하다

맨 앞에 경기감사 높이 앉아 행렬 인도
용대기 펄럭이고 선전관 의기양양
칼차고 활을 맨 장졸 뒤따르니 위엄있다

주상을 호위하여 오가는 백리길에
북치고 피리 불며 신이난 그 소풍날
가마 탄 고귀하신 분 산천 살펴 보시네

세상은 어지럽고 못믿을 을사년 초
청계천 광통교에 화려한 등불축제
늦은 밤 붐비는 이들 태평세월 이구나

이 밤에 나도 잠시 행차를 따라가다
어가에 가까이서 용안을 바라보니
흐르는 청계물소리 혼자 듣고 계시네

(2025. 01.05)

고드름

한겨울 모진 추위 목 움추려 길을 걷고
두툼한 외투 한벌 동장군 감당하다
며칠 전 입춘부 붙여 새봄 맞이 하였네

눈 내려 빙판길 되 조심하라 쌓인 문자
어둑한 동녘하늘 해 뜨려 붉어지고
저 멀리 있는 동산은 맑은 기운 품었네

차가운 새벽 아침 창문 밖 겨울 풍경
눈녹은 물 흐르다 고드름 되 달렸는 데
어릴 때 본 초가집 처마 생각나서 반갑네

설중매

짧은해 찬 바람에 시들은 초목이나
여름날 무성함을 뽐냄이 좋았구나
사물이 다 그러한데 너와 나 다를건가

겨울에 풀 한포기 다 스러져 황량한 데
나무의 삭정이는 아궁에서 활활 타고
새들이 움추린 숲에 까마귀는 울어라

서쪽에 달 지는 데 붉은 해 새벽 열고
만상은 보름 지나 기지개 켜는 이 때
올해도 저 설중매는 눈속에 핌 자랑하네

경칩날 아침

오늘이 경칩임을 모두들 알건마는
아침에 오는 카톡 경칩날을 또 알리네
아직도 날씨 차갑고 감기 조심 해야지

졸졸졸 흐르는 물 맑아서 얼음 같고
갯버들 연두색 잎 나올 날 기다리나
꿈에 본 그 개구리는 도약하란 뜻인가

멀리 본 도봉산과 수락산 불암산에
어제 온 눈이 덮혀 흰빛이 싸늘한데
이제는 저 춘설 밑에 연한 새싹 숨었네

곡우 날에

천둥이 하 요란해 포(砲)소린가 염려터니
어제와 달리 오늘 화창한 봄날 되어
무더워 되돌아 가서 옷 바꾸어 입고 가네

뜨거운 햇볕 좋아 빨래줄에 수건 늘고
눈부신 휴일 오전 체조하며 느낀 생각
봄 짧아 어느새 여름 건너 띄어 가는가

전철 탄 남녀노소 옷 매무새 가볍고나
차창가 강변 둑에 수양버들 야들야들
얌전히 물동이 이고 가는 색시 뒷모습

가평 자라섬

북한강 자라섬은 가평의 명소되어
섬이라 부르지만 다리 건너 아담한 땅
걸어서 한 동네 돌듯 한바퀴를 돌았네

봄 한창 붉은 꽃이 무리지어 길 밝히고
강건너 에워싼 산 수더분한 순이 누나
강변에 버드나무들 외롭지가 않구나

검푸른 물 수면 위 윤슬이 반짝이고
젊은이 탄 고깃 배 한가하게 멀어질 때
원두막 앉아 쉬는 데 강바람이 불어오네

해미읍성 소감(所感)

평지에 해미읍성 진남문 들어서니
마주한 혜화고목 옛빛이 창연한데
조그만 옥사였다만 선한 백성 잡혀왔네

아늑한 뒷동산은 내아 객사 감싸주고
절도사 동헌에서 충청서역 호령 할때
성루에 높이 걸리운 병영깃발 펄럭였네

청허정 마루 올라 가야산 멀리 보고
소나무 대나무숲 맑은 기운 품었는 데
뒤돌아 선 남쪽에는 넓은 들판 아득하네

* (註) 忠南 瑞山 海美邑城 - 이곳은 호서좌영(湖西左營)에 이순신 장군이 무과 급제후 세번째 관직인 군관으로 충청병영에 부임하여 10개월간 근무했고, 다산 정약용이 천주교 신자로 붙잡혀와 10일간 있었다고 함. 鎭南門, 淸虛亭, 內衙, 客舍, 獄舍 조선 태종 17 ~세종 3 때 서해안을 효과적으로 방어하기 위하여 덕산에서 해미로 축성 이설하여 230여년간 충청지역 군사권을 행사하는 성이었다가, 효종3년에 청주로 이전되기까지 충청도 5진영 중 하나였다고 한다.

현충일 오전

해마다 6월 오면 청명한 낮 오전에
집에서 혹 들에서 들리는 오포(午砲) 소리
조용히 가든 길 멈춰 숙연하게 묵념하네

일분간 싸이렌은 온 고장 울려 퍼져
누구가 있건 없건 그 즉시 일어 선채
경건히 머리 숙여서 잠든 영령 기리네

푸른산 어느 골짝 긴 세월 묻혀 있는
용감히 싸우다 간 님들 잠시 추념하니
지켜 온 나라가 있음 감사하고 뿌듯하네

청매실

올 때는 더디더니 갈 때는 바람같다
계절도 이와 같이 순식간 철 바뀌어
봄 왔다 느긋했는 데 청매실을 보내왔네

푸른밭 맑은 공기 친구의 정성 함께
황설탕 여기저기 부어 넣어 봉했으니
국화꽃 핀 늦 가을엔 사큼한 향 맞겠네

장맛비 내리는 밤

밤세워 내리는 비 줄기차고 끊임없어
곤하게 잠을 자나 꿈속에도 들리는 데
아무리 요란하여도 시끄럽지 않구나

호박 잎 탄력있어 떨어져도 상처 없고
장독을 씻어주며 부딪이는 빗소리는
장마비 흠뻑내려서 마음 맑아 지는 밤

옥상 위 쏟아지며 북치듯 때리는 비
한 밤중 캄캄한 방 요를 펴고 잠자는 데
동구 밖 얕은 시내엔 물이 불어 넘치겠네

일년의 반을 지나며

저 멀리 산 봉우리 푸른 하늘 아래있고
낮에는 하 무더워 흰구름 더욱 흰 데
냉방의 전철 타려고 발걸음을 재촉하네

일주일 금방이요 한달도 잠깐 가니
아침에 창문 열듯 밤중에 옥상 나가
서늘한 바람 쐬는 데 초승달이 떠있네

엊그제 꿈속에서 사내아이 나를 향해
주먹만 한 돌덩이 던지려해 두렵더니
내가 쓴 글을 읽고서 인사하는 이 있네

(乙巳年 2025. 7. 01. 화요일)

무더운 휴일 낮

동빙고 옛 서빙고 얼음도 동났겠지
한낮의 무더위에 등줄기 땀이 줄줄
의도인(毅道人) 부채 끝에서 강바람이 이누나

방안에 앉았으니 장판도 데워지고
가볍게 누웠는데 죽부인 어디됐나
한가히 목침을 베고 나만 홀로 무료하네

냉수에 머리 감고 몸과 마음 시원한 데
날더운 바깥에는 오가는 이 끊혔는 지
도시의 한낮인 데도 선풍기만 계속 도네

(2025. 7. 06 낮 오후 서울 32º)

초복 전 호우(豪雨)

큰 비가 내리려니 더위 잠시 물러가고
먹구름 가득한 밤 지척에 천둥소리
잠 자다 비몽사몽 간 누운채로 듣누나

한낮에 작열하던 태양 빛 언제였나
콸콸콸 물보라에 계곡 바위 들썩이고
말없이 앉은 청산은 운무 속에 가렸네

비 올려 잦은 천둥 낮은 하늘 흔들리고
지붕이 뚫어질 듯 요란한 세찬 비에
긴 가뭄 바닥 드러낸 강과 하천 범람하네

초복 전(前) 장마 와서 초복날 장마 가니
전국의 지자체장 이제 한숨 돌리겠고
복날에 조용히 앉아 땀 닦으며 먹겠네

(2025. 7. 20. 일요일 초복 初伏)

영물(靈物)

장닭은 어이하여 새벽마다 홀로 깨서
거느린 암닭들이 횃대에서 조는 시간
머리에 인 붉은 벼슬 감당하려 저리 우나

어둠을 몰아내고 밝은 빛 빗장 열려
저 하늘 우주 향해 혼신 다해 우는 습성
태초에 해와 수닭은 숙생 인연 있나보다

오경(五更)에 시작해서 날 다샌 아침까지
우렁찬 쇳소리로 새벽 문 울어 열때
계명성(鷄鳴聲) 멀리 퍼지고 샛별 높이 떠 있네

꽃을 보면

폭포수 앞에 서면 폭포수 즐겨보듯
꽃 보면 바쁘다고 지나치기 쉽지 않아
가던 길 잠시 멈추어 다가가서 꽃 보네

꽃바람 신바람은 얼굴 없는 유령인데
말없는 꽃이 알고 이리저리 흔들리니
바람의 비단같은 손 꽃은 좋다 춤 추네

더워도 꽃은 피고 화창하니 더 빛나서
백일홍 무궁화 꽃 나리꽃 맨드라미
계절 꽃 활짝 핀 곳에 그 꽃 보고 가누나

말복날 앉아

봄 언덕 벚꽃길을 걸었던게 엊그젠 데
오늘은 선선한 건 어제 내린 소나기 공(功)
폭염에 지친 몸과 맘 위로하여 주누나

선풍기 바람 춥고 밖에는 또 빗소리
무료히 앉았는 데 바깥 하늘 잿빛이고
어느새 시름만 남고 무더위는 가누나

밤중에 길 걷는 데 도처에서 들려오는
귀뚜리 맑은 울음 가을 왔다 알리는 데
"솥 적다" 우는 소쩍새는 이 밤에 또 웬일인가

(2025. 8. 09 토요일 末伏)

* 8.월 23일(토) 어제가 또 처서(處暑)였다.
* 이제 모기의 아랫턱이 과연 떨어졌을까. 모기의 극성도 차차 사그라 들겠네.
* 어릴 때 엄마는 말했다. 처서가 지나면 모기도 아랫턱에 힘이 빠져 물 힘이 없어진다고.
* 그러나 여전히 날은 무더워 움직이면 등에 땀이 가득 나 속옷이 흠뻑 젖는다.

바라춤 – 백중(百中)날

오늘은 우란분절 지옥문 열리는 날
신들린 스님 염불 함께 듣는 모두 몰입
환희심 벅찬 마음에 이 공덕을 안고 가리

징소리 목탁소리 지극한 축원 공양
장엄한 화음 이뤄 혼령도 숨 죽이고
쨍그랑 바라 춤사위 촛불 활활 밝구나

먼저 간 조부 조모 선망 부모 빙부 빙모
함께 산 반려동물 이차 인연 상품상생
신도들 술잔 받아서 가는 발길 가볍네

* 오늘 2025년 양력 9월 6일(토,음력 7월 15일)이 백중날이라
  절에 다녀 왔다. 서울은 쏘나기가 퍼붓더니 이내 흐렸다.

추석전 재래시장 풍경

선선한 추석 전날 강북의 재래시장
빼곡한 가게 마다 기름진 팔 음식들
통로엔 꽉찬 인파로 발디딜 틈 없구나

갓 굽고 찐 음식들 제수사러 밀려들어
고른 후 돈 내밀고 돈받는 손 바쁘니
옛부터 늘 "더도말고 한가위 만 같아라"

명절이 무엇인가 저마다 조상 섬겨
갸륵타 지극 정성 한뜻으로 나온 가족
저마다 제물을 사며 손 때 묻은 돈 내미네

비싼게 능금인 데 백물이 다 올랐으나
살아서 즐겨 먹던 차려 놓은 홍동백서
올린 잔 너머 앉은 신(神) 돌아갈 길 바쁘네

추석후 낮달 뜬 아침 해

삼각산 우뚝함은 언제봐도 든든한 데
하나 둘 높은 빌딩 병풍처럼 들어서서
뭉뚝한 쇠뿔 못 보고 저녁노을 가리네

아침에 문을 열자 건물 사이 추석 낮달
있는 듯 게 없는 듯 빛바랜 모습으로
넘어갈 길 뒤에 두고 산마루에 서있네

돌아본 동녘에는 붉게 물든 하늘가에
둥두렷 솟는 해가 뜬 구름 밀쳐 내고
어느새 불끈 솟아나 천리만리 비추네

(2025. 10.08 수요일)

쇠기러기 – 고향생각

여름 내 폭염 가뭄 가을되니 빈번한 비
하늘엔 구름 덮혀 어둑하고 적막한 데
한무리 쇠기러기 떼 너훌너훌 날아가네

벼 익고 상강 지나 찬이슬 내릴 즈음
머나먼 이국에서 자란 새끼 대동해서
한겨울 지낼 이 강산 높이 날아 찾아오네

날 저문 늦은 오후 전폭기 비행하듯
기역자 대열 지어 하늘 멀리 사라지는
철새를 올려다 보니 고향생각 나누나

(2025. 10.11 토요일 오후)

살아서 쓴 나의 비명(碑銘)

학무산 아래 학동(鶴洞) 태어나 자랐는 데
소년 때 후리(後里)뒷마 이사와 성년되고
결혼후 서울서 줄곧 살다 늙어 돌아왔네

느릅산 좋아하여 유산(榆山)이라 자호하고
글쓰며 도운(都雲)이란 호를 가진 시조시인
죽어서 고향에 묻혀 앞 선개산 바라보네

뒤에는 부모있고 옆 자리 처가 묻혀
살던집 좌에 두고 기적 소리 들으면서
한 백년 살아온 얘기 영원 속에 묻었네

송영기 작가의 시조에서 자주 등장하는 고향 추풍령의 선개산(仙盖山)
- 일명 느릅산(느름산)의 모습   2025. 9.14 일요일 오후 01:57 송영기 촬영

"시조의 맛이 난다" 대상 심사평 – 시조 : 「엄마의 말」

우선 송영기 시인의 「한국문예시조문학대상」 수상을 축하드린다. 이번에도 우수한 작품이 많이 들어왔지만 송영기 시인의 작품 〈엄마의 말〉이 최종적으로 낙점되었다.

시조는 우리의 고유문학이요 전통문학이다. 고유문학이란 말은 다른 나라에서 생긴 장르가 아니고, 우리나라에서 생긴 문학 장르란 이야기다. 전통문학이란 말은 우리의 선조들이 만든 장르란 뜻이 있고, 그것이 가치가 있어 계승·유지·존속되었다는 뜻이다.

참고로 시조가 이 땅에 출현한 것은 고려 말엽이고, 7백 년 이상의 역사를 지닌 문화유산이라 한다. 그 특징은 정형시라는 데 있다.

3장 6구 12소절의 형식을 지녔다고 한다. 상기 작품 〈엄마의 말〉은 다른 작품에서 찾아볼 수 없는 특징을 지니고 있다.

① 자서전 같은 느낌을 준다.
② 쉬운 우리말을 부려서 썼다.
③ 스토리가 있는 작품이다.
④ 미처 몰랐던 사실을 알게 해준다.
⑤ 읽는 이에게 큰 감동을 준다.

   이러한 장점과 특징을 지녔기에 대상 수상작품으로 선정되었다. 그 동안 많이 노력하고 갈고 닦은 흔적이 보인다. 이번의 수상을 계기로 시조에 많은 관심과 애정을 가져 주시기 바란다. 시조의 참맛을 느껴 보시기 바란다. 시조의 전도사가 되어 주시기 바란다.

2022년 7월 15일

〈심사위원 : 원용우 · 조성국 · 정순영 · 나영봉 · 서병진〉

대상 심사평 - 시조 「소쇄원」 외 5편

자연친화적 꿈의 세계 펼치는 시

지 은 경 (시인 · 문학평론가 · 문학박사)

    제10회 샘터문학 대상 시조부문 송영기 시인의 「소쇄원瀟灑園」 · 「환벽당環壁堂」 · 「식영정息影亭」 · 「송강정松江亭」 · 「면앙정俛仰亭」 · 「담양 창평 승지勝地」 6편의 시조가 심사를 통과하여 대상으로 확정되었다.

    송영기 시인님의 시조들은 전라남도 담양군 창평 부근의 정자와 정원을 배경으로 하고 있다. 정자는 시인묵객들이 드나들던 곳으로 '소쇄원'은 양산보가 스승 조광조가 유배되자 귀향하여 지은 곳이며, '환벽당'은 나주목사 김윤제가 관직에서 물러나 후학을 가르치던 곳으로 제자 정철, 기대승 등을 배출한 곳이다. '식영정'은 당쟁으로 벼슬에서 물러난 송강이 '성산별곡'을 지은 곳이다. 정철은 동인의 압박으로 낙향하여 초막을 짓고 살던 곳인 데 후손들이 지금의 정자를 지어 '松江亭'이라 새겼다. 이곳은 임금을 사모하여 '사미인곡', '속미인곡'을 낳은 곳 이기도하다. '면앙정'은 송순이 후학을 기르던 곳으로 그의 호를 따서 지은 곳이다.

'담양 창평 승지'는 충·효·예를 중시하는 선비마을로 송강의 유적지라고 볼 수 있다. 정철이 대사헌 직에서 물러나 이곳에 머물며 시와 가사를 많이 지었다.

시조가 시와 다른점이 있다면 기승전결이 뚜렷하고 율격의 경계가 분명하며 응집력이 강한 것이 매력이다. 언어의 제한을 받는 시조는 자수율에 충실하다고 되는 것이 아니다. 팽팽한 긴장감을 유지하면서 난해하지 않아야 한다. 뼈대가 올곧고 심지가 굳은 송영기 시인은 늦게 시문에 입문하였으나 자연과 조응하는 시적 서정이 잘 구축되고 있으며 형식미면에서 독창성과 일반성이 충족되고 있다. 그의 시들은 초중종장이 안정적이고 현장을 몸소 체험하며 느낌을 시로 짓고 있어 공감을 준다. 특히 위 6편의 시작동기가 옛 선비들을 마음에 두고 유적을 둘러보며 쓴 시로 자연을 벗 삼아 자신의 꿈의 세계를 펼치는 선비정신을 보게 된다. 생각이 깊고 가슴이 넓으며 신분의 고하를 떠나 도리를 알고 음주가무를 즐기며 누구와도 잘 어울리는 어진 인격을 갖추어 '현대판 선비'라 부를 만하다.

시조평 – 시조「한천정사」

   명산명수가 있는 곳에는 문사가 태어나 이름을 떨친다 했다. 황간 근처 추풍령에서 태어난 시인은 선조 우암선생을 흠모하는 선비정신이 시공을 초월하고 있다.

   월류봉 한천정사의 풍경을 한폭의 거대한 산수화로 그려내는 정서표출이 아름답다. 시상이 맑고 선비의 기개가 살아있는 여운을 남기는 시조이다.

지은경 시인 (문학 평론가, 문학박사)

"시조의 특징을 잘 살린 시" 문학상 심사평

송영기 최우수상 심사평

시조의 특징을 잘 살린 시

지은경 (시인. 문학평론가. 문학박사)

송영기님의 시조 「목탁새」 외 4편을 샘터문학상 수상작으로 선정한다. 목탁새는 나무를 쪼는 소리가 마치 목탁소리를 닮았다고 해서 지어진 이름으로 딱따구리의 다른 이름이다.

화자는 새해아침 약수터를 오르며 느끼는 소리르류3자의 "어디서 들려오나 나무찍는 맑은 소리/ 청정한 이 아침에 딱따구리 목탁치며/ 날 위해 염불해주고 어디론가 떠나네"에서 자연의 서정성을 맑은 언어로 직조해 내고 있다.

시조 「바람부는 낙산駱山 성곽길」은 화자가 낙산에서 바라보는 인왕북악, 남산, 삼각산, 수락산 등 옛 한양 도성길을 더듬어 보는데 빌딩에 가려 궁궐들이 보이지 않음을 애석하게 생각하고 있다.

시조 「북한산 향로봉」은 족두리봉, 향로봉, 노적봉 등 자연풍광을 시각적 이미지로 하나하나 그려준 북한산 향로봉의 예찬시라 할 수 있다.

시조 「원주 흥법사지 興法寺址」는 공터에 홀로 서있는 석탑을 예사롭게 보지 않고 있다. "초저녁 어스름 속 영봉산은 고요해/ 숲속에 재잘대는 새소리가 적막한 데/ 흥법교 시냇물속에 달이 잠겨 비추네"에서 화자는 절에서 오랜시간 머무른 듯 풍경을 절도 있게 묘사하고 있다.

시조 「상강 湘江」은 호남의 평야를 적시며 흘러가는 강을 노래하고 있다. 혹 중국의 후난성의 상강은 아닌지 궁금하다. 태평성대를 누린 요순시대에 격양가를 노래한 부분이 그러하다.

송영기님의 시조는 평시조와 정형시조의 특징을 잘 살려내면서 우리의 것을 일필휘지 시로 써 내려가고 있어 만족스럽다.

(2019.5.04 지은경 시인)

신문예본상 수상 심사평
(제1시조집 '중천 높이 걸린 저 달')

2020 제10회 신문예문학상 시조부문 본상 수상자
송영기 시조시집 : 『중천 높이 걸린 저 달』

〈심사평〉 민족문학을 현대시조로 승화시킨 詩

제10회신문예문학상 시조부문 본상에 송영기 시인이 심사에 통과되었다. 그의 시조집『중천 높이 걸린 저 달』은 우리의 전통 민족문학인 시조를 올곧게 펼치고 있다. 시조의 정형성과 서정성의 정조에 바탕을 두고 있으며 시적 대상에 대한 구체적이고 세밀한 관찰이 미학적이며 현대적 이미지로 치환된 열린 감각과 감성을 보여주고 있어 돋보인다.

코로나 19의 암울한 시기에도 시인은 정신작업의 끈을 놓지도 않고 있다. 인간은 정신적인 존재로써 비록 1300그램의 작은 뇌는 우주보다 크고 광활하여 시인의 정신세계는 헤아릴 수 없이 넓고 깊다. 시조는 우리 민족의 문학으로 정착시켜야 한다. 전통성을 수호하고 시조가 현대문학의 중심에있어야 한다고 강조해도 부족함이 없다. 선비정신은 진선미의 추구다. 그동안 우리의 민족문학인 '시조'가 있어 문학의 토양을 비옥하게 가꿀 수 있음에도 불구하고 우리 것을 외면해 온 것은 저신을 빼앗긴 것으로 보여 안타까웠다. 시조를 멀리하는 것은 비판적 성찰의 부재이며 단적으로 문단의 병폐라고 볼 수 있다. 시조의 현대화 라는 명분을 갖고 혁신 발전시켜나가야 할 것이다.

    최근에 시조의 장르가 활발하고 적극적인 움직임을 보이는 것은 시조시인들의 역할이 컸다고 본다. 송영기 시인의 시적 대상은 옛 선비의 생가나 유적지를 두루 견문하면서 자연물이 현대와 어우러져 동적인 이미지를 고조시키고 있어 주목된다. 그의 시세계는 12세기 선비의 자세로 확장하여 새롭게 구축하고있어 주목된다. 그의 시세계는 21세기 선비의 자세로 확장하여 새롭게 구축하고 있어 기대가 크다. 외래문학의 유입과 더불어 다양성이 요구되는 차제에 시조시인으로써 책무를 안고 정진하기 바라며 적극적인 활동을 기대한다. 현대시조는 우리민족의 고유한 문학양식으로 이어나가야 하며 고시조와 민족정서라는 등가성을 유지하면서 시어가현대성을 접목시켜 새로운 사유의 유연성을 도입하여야 할 것이며 내면의 특질을 자유롭게 살리는 데 있을 것이다.

2020년 12월 30일

(심사평 엄창섭, 지은경, 도창회)

축전 (제1시조집 : '중천 높이 걸린 저 달')

송영기 시인 귀하

송영기 작가님의 시조집 〈중천 높이 걸린 저 달〉출간을 진심으로 축하드립니다.

송 작가님의 시조집에는 한국의 뚜렷한 사계절에서 느껴지는 감성과 역사, 문화가 고스란히 담겨 있습니다.

작품 하나하나를 읽을 때면 작가님 이야기 속으로 흠뻑 빠져들곤 합니다.

아름다운 시조의 운율과 정취를 맛볼 수 있었던 것은 물론입니다.

새해 복 많이 받으시고, 작가님의 더욱 멋진 작품을 기대합니다.

2019. 1. 8.

전라남도지사 김영록 드림

만해 한용운 연보로 본 일생과 시평(詩評)

송영기(시조시인)

만해 한용운 선생은 불교와 독립운동과 문학 세 분야에 두루 조예가 깊고 많은 업적을 남긴 큰 스님 이시지만, 시인으로서도 너무 고명하여 우리나라 사람은 모두 다 잘 알고 있지 않습니까. 독립운동을 한 스님은 사진에 남은 삭발한 둥근 머리와 회색 승복을 입고 신라 거리를 다녔을 듯한 분 같은 수식어 일뿐이고, 대중들은 오히려 수준 높은 시인으로 기억 될 것이라 생각합니다.

그런데 스님의 연보를 살펴보면 대단히 다이나믹한 삶을 사신 분으로 평범하지 않은 일생이었으며 흥미가 있고 새로운 모습이 보여 친근하고 인간적인 분이다.

우선 만해 한용운(1879~1944, 향년66세) 선생님의 발자취 대강을 돌아본다.

지금으로부터 145년전, 1879년 8월 29일(고종 16년 己卯 음력 7월12일)에 충남 홍성군 홍성읍 오관리에서 종오품(從五品) 충훈부 도사(忠勳府都事)인 아버지 청주 한씨 한응준(韓應俊)과

어머니 창성방씨(昌城 方氏)의 차남(次男)으로 태어났다. 그의 어릴때 이름 즉 출가하기전 속명(俗名)은 한유천 (韓裕天)이며 자(字)는 정옥(貞玉)이다.

한용운 선생은 누대(累代)의 사족(士族)으로 조부 한영우(韓永祐)의 벼슬은 훈련원 첨정(僉正)으로 종사품(從四品)이고 증조부 한광후(韓光厚)는 지중추부사(知中樞府事)로 품계가 정이품(正二品) 고위 관직이였다.

훗날 만해가 출가 한지 얼마되지 않아 고향의 아버지와 형은 창의대장(倡義大將) 민종식(閔宗植)과 함께 정산(定山)에서 의병(義兵)을 일어키어 남포와 홍주를 점거하였으나 중과부적으로 패하였다고 한다.

그는 어려서부터 총명이 뭇사람을 뛰어나 재동(才童)으로 유명하였으니, 6살에 서당(書堂)에서 한문(漢文)을 수학하고, 9살에는 중국 한문으로 된 〈서상기 西廂記〉, 〈통감 通鑑〉, 서경의 〈기삼백주 朞三百註〉 같은 책을 섭렵했다할 정도로 매우 조숙한 신동이었다.

이 시실 히니 민으도도 빌써 우리 현내인의 삶과 살아 온 나날을 돌아 보고 비교해 봐도 만해 선생님은 참으로 용감하고 학구심이 대단했으며 비범한 인물이다.

그는 14살에 천안 전씨인 전정숙 (全貞淑)과 혼인을 하였고, 18살에 숙사(塾師)가 되어 동몽(童蒙)을 가르치면서 탐관오리의 침탈에 시달리는 민중을 구출하려는 생각으로 동학당 운동에 가

담 하고, 고향인 충남 홍성 일대에서 의병이 되어 활동하였으나 실패하여 19살에 고향을 떠나 법주사, 월정사, 백담사 등 여러 절로 거처를 옮겨가며 정착하지 못하다가 고향으로 돌아왔다. 24살 때 일본의 침략이 점점 심해져 자주독립을 더욱 공고히 하려는 뜻을 품고 결연히 집을 떠나 다시 26살에 설악산 백담사로 돌아가 아예 출가를 하여 불문에 들어갔다.

출가한 26살 그해 12월에 맏아들 '한보국'이 태어났 는데, 출가하기전 고향집에 있을 때 이미 잉태한 자식이다. 스님은 줄곧 대처승(帶妻僧)으로 살았으며 '승려도 사랑을 하여야 한다'는 주장을 하였다 하지만 그 때나 지금이나 (태고종과는 달리) 정통 조계종에서는 받아 지지 않는 주장 일뿐 용납은 커녕 오히려 일언지하에 배척 될수도 있다. 그러나 이런 모습에서 우리 일반인은 어딘지 그의 인간적인 모습을 느낄수 있지 않겠나.

그런데 운허 용하(耘虛 龍夏) 선사(禪師)가 찬(讚)한 '만해 용운당 대선사 비문(萬海龍雲堂大禪師碑文)'에 의하면 만해가 출가한 연도가 26세가 아니고 그이듬해라고 한다.

즉 27살 1월달에 강원도 백담사 김연곡(金蓮谷) 화상(和尙)으로부터 득도하니 계명(戒名)이 봉완(奉琓)이며, 후에 강원도 건봉사(乾鳳寺) 만화선사(萬化禪師)의 법(法)을 이어 받아 법호를 용운(龍雲)이라 하였고, 아호를 만해(萬海)라 하였다. 이로써 태어나 부모가 지어준 속세의 이름 〈한유천〉을 버리고, 지금까지 〈만해 한용운〉이란 승려 이름으로 구각을 벗고 다시 살게 되었으니, 우리 모두가 혈기왕성한 한 속인(俗人)을 잊었다.

기록에 의하면 28살에는 블라디보스톡에 견문을 넓히려고 여행갔었는 데 일진회 첩자로 오인받아 고초를 당했고, 33살때는 만주를 여행하다가 또 일본 첩자로 오인 받아 총을 맞고 죽을 고비를 넘겼다 한다. 이 때 머리뼈에 맞은 총알 파편이 일부 남아서 일생동안 머리를 흔드는 '체머리(풍두선)'증세를 가졌다 한다. 기록이 있기에 이 사실도 알지 '야인시대' 등 드라마에서 평면적으로 봤을 때는 그런 모습은 거의 보지 못한다.

32세 때 〈조선불교유신론〉을 백담사에서 탈고 하였는 데, 34살에는 또 '불교대전'을 편찬코자 통도사에서 그 방대한 한문으로 된 고려대장경(1,511부 6,802권)을 열람했다하니 이 또한 참 경이롭다. 어려서 서당에서 한문을 잘 배워 체득했기 때문에 가능한 일이다. 물론 우리나라 큰 스님들은 모두 세속의 박사와 같은 수준으로 한문이나 한시에 깊은 내공을 가지고 있다.

35살에는 이미 32살때 탈고한 〈조선불교유신론〉을 발행하였고, '조선불교회' 회장 직에 취임했다.

보기에는 여기까지가 스님 일생의 1기 쯤으로 선을 긋고 싶으며, 그리고 이제부터 새로운 삶의 획기적인 2기로 보고 싶다.

스님이 오도송(悟道頌)을 읊었다는 39살(1917년 12월 3일), 설악산 백담사 오세암(五歲庵)에서 안거(安居)할 때 캄캄한 밤중에 좌선을 하고 있었는 데, 바깥에서 갑자기 바람에 물건이 탁 떨어지는 소리를 듣고 깨달음을 얻으니, 마침내 한 소식을 한것이다.

이 오도송보다 훗날 12년후 47살때 지은 〈님의 침묵〉도 만해 한용운의 대표적인 시로 우리 모두 줄줄 외워 모르는 사람이 없겠지만, 특이한 오도송은 선사들이 수십년 동안 수행한 '정신의 결정체'이고 '문자 사리'라고 하는 데, 큰스님이 된 만해의 돈오돈수(頓悟頓修)의 오도송은 이러하였다.

男兒到處是故鄕 남아가 가는곳 어디나 고향이건만
幾人長在客愁中 그 몇이나 나그네 시름에 잠겨 있던가
一聲喝破三千界 한소리 할을 질러 삼천대천 세계를 부수니
雪裏桃花片片紅* 눈속의 복사꽃이 조각조각 붉었더라.

(* 편편비片片飛를 편편홍片片紅으로 : '눈속에 복사꽃 분분히 날리네'를 '눈속의 복사꽃이 조각조각 붉었더라' / 충남 덕숭산 수덕사에 주석하시는 그의 도반道伴 송만공 宋滿空선사(1871-1946, 향년 75세)는 만해의 지기知己인 데 오도송 시문을 듣고 말구末句 한글자를 '비飛'에서 '홍紅'으로 고쳐주면서, 그렇게 한글자 고치면 한시漢詩의 운자韻字도 맞고 詩句의 색체 대비도 되어 좋다고 해서 받아들였다고 전한다.

만해는 41살(1919년 1월)에 최남선의 〈독립선언서〉의 자구를 수정해주고 〈공약3장〉을 추가했으며, 3월 1일에는 서울 태화관에서 33인을 대표하여 독립선언서를 낭독하고 일경에 체포되었고, 9월에 유죄판결을 받고, 10월 30일에는 경성복심법원에서 3년 선고를 받았다.

42살에 3.1운동 참회서를 내면 사면해 주겠다고 회유하였지만 거절했지만, 다행히 그 이듬해 12월에 출옥하였다.

47살(1925년 8월)에 백담사에서 〈님의 침묵〉을 탈고하고, 그 이듬해(1926, 48세)에 시집 〈님의 침묵〉을 발행했다.

51살(1929년)에 조병옥,송진우 등 여러 인사들과 '광주학생의거' 전국 확대 민중대회를 개최하였다고 한다.

53살에 잡지 〈불교〉를 인수하여 사장이 되고, 54살(1932년)에 투표에서 최고 득표로 '불교계 대표인물'이 되었으며, 그해 12월 일제의 황민화정책하에 유명인사 매수를 위하여 식산은행이 성북동 국유지를 만해에게 주겠다면서 유혹 했으나 단호히 거절했다고 함.

첫 부인과 이혼한 만해는 55살(1933년 10월)에 간호사인 유숙원(兪淑元)과 재혼하였고, 슬하에 딸을 하나 낳았다.

그 해에 벽산 스님이 서북동에 집지을 터를 만해에게 기증하니, 방응모, 박광등 여러 우국 인사들의 성금으로 심우장(尋牛莊) 집을 지었다.

흔히 일제총독부를 보지 않기 위하여 심우장을 남향이 아니라 북향(北向)으로 짓고 살았다고 세간에 널리 알려져 있지만, 사실 그것은 와전된 것이고, 오로지 그곳의 지형(地形) 때문이었다고 만해스님의 딸이 말했다고 한다.

훗날 1981년 성북동 심우장에 만해기념관을 개관 했지만, 1990년에 남한산성으로 기념관을 이전, 1998년 5월 20일 확장 개관했으며, 만해의 유품등을 체계적으로 수집한 전보삼 교수가 현재 관장이다.

만해 기념관 전보삼 관장을 2년전 여름 한국문예작가회 여주 연수원 가는 길에 들려 관람을 한바 있다. 인송 오호현 친구와 함께 그 때 남한산성에서 그분을 만난 적이 있었다.

나의 명함에서 경북 김천고金泉高 출신임을 알고, 만해 한용운과 김천고등학교(김천고보) 설립자 최송설당(崔松雪堂)여사의 학교 재단법인 설립에 결정적인 조언을 했던 비사(祕史)를 말해 주어 처음 알게 되었다.

즉 고종高宗/엄비嚴妃의 수상궁首尙宮이자 영친왕英親王의 보모였고 하사한 서울 코오롱 빌딩 근처 무교동 대저택에 사시던 최송설당 여사는 말년에 재산을 몽땅 정리하여 사찰(해인사)에 전부 기증할 생각으로 성북동 심우장 만해에게 가서 상의하였다. 그 계획을 들은 만해는 절은 이미 부자이고 그곳에 전각을 하나 지어 준들 뭐할거냐. 그리고 그 절에는 친일 스파이들이 많으니 소용없다.

차라리 거금을 육영사업에 쓰고, 장차 이 나라를 살리는 동량영재棟梁英才를 길러라고 조언하며 극구반대해서 마침내 방향전환을 했다고 전관장은 말했다. 이는 곧 만해 한용운의 교육관이고 이 나라의 장래를 생각하는 그의 백년대계 혜안이 아닐 수 없다. 교주 최송설당 여사의 건학이념도 교육으로 장차 동량영재(棟梁英才)를 육성하는 것이었다.

그 만해는 61살(1939년 8월 26일)에 서울 청량사에서 회갑연을 했고, 62살(1940년)에 창씨개명 반대 운동을 하였다.

끝으로 66세(1944년 6월 29일)에 성북동 심우장에서 입적하니 다비(화장)를 한후 중랑구 망우리 공동묘지에 안장하였다.

위에서 살펴본 바와 같이, 학승(學僧)이자 큰스님이요, 독립운동가였으며 시인이었던 만해 한용운 선사의 향년 세수는 66세, 출가하여 스님이 된 법랍은 39년으로, 그는 한 세상 사나이로 잘 사셨다.

그리고 이 나라는 만해스님이 가신지 1년후 그 이듬해 1945년 8월 15일에 마침내 광복이 되었고, 오늘날 대한민국은 2025년 현재 세계 10대 경제대국이 되었다.

그의 일대기를 개략적으로 살펴 보았는 데, 그는 선사(禪師)요 독립운동가였지만 아울러 족적을 남긴 시인이었다. 그는 증조부, 조부, 부친이 조정에 벼슬한 사대부 집안 차남 으로 수학한 수재였고, 그시대를 살았던 보편적인 지식인의 하나로 유불선(儒佛仙) 세가지 전통적 동양인의 사상이 어려서부터 내면에 체화되어 있었을 것이다.

그의 시집 『님의 침묵 』에 수록된 94편의 시는 '당신'이라는 님과 사랑, 헤어짐, 기다림, 그리움 등으로 '한용운' 이란 작가의 이름을 숨기고 그 시들을 읽는 다면 아마 현대인이 쓴 시가 아닐까 생각이 들 것 같다. 그리고 수도자인 승려가 지었을 것이라는 것은 아마 생각지 못할 것이다.

그의 시는 화자가 애절한 남·녀의 심정으로 쓴 일응 사랑의 시로 보이지만, 한 시대 전 '만해 한용운'이라는 지식인의 시로

다시 읽을 때는

그 가 그의 시에서 말한 당신이나 사랑은 일반적인 남녀간의 연정이 아니다. 그것은 개인의 그가 처한 나라와 백성, 빼앗긴 조국, 시대적 아픔이며 국권회복이요 광복 독립인 것이라고 '외재적(外在的)' 접근으로 해석해야 한다.

그렇게 대입해 보면 우리는 만해의 시 전편에 내재해 흐르는 은유의 서사에 부담없이 접근 할 수 있겠으며, 또한 깨달음을 얻은 선사(禪師)가 늘 상 시중(市中) 저자거리의 애절하고 간절한 정념(情念)을 가진 시를 쓸 수는 없는 것이기 때문이다.

여기서 만해의 시 5편을 읽어 보자.

(1) 여름밤이 길어요

당신이 계실 때에는 겨울밤이 짧더니 당신이 가신 뒤에는 여름밤이 길어요.

책력의 내용이 그릇되었나 하였더니 개똥불이 흐르고 벌레가 웁니다.

그러나 당신이 오시면 나는 사랑의 칼을 베어서 일천토막을 내겠습니다.

(2) 꽃싸움

당신은 두견화를 심으실 때에 "꽃이 피거던 꽃싸움하자"고 나에게 말하였습니다.

꽃은 피어서 시들어 가는 데, 당신은 옛 맹세를 잊으시고 아니 오십니까.

꽃은 피어서 시들어 가는 데, 당신은 옛 맹세를 잊으시고 아니 오십니까.

(3) 오셔요

오셔요, 당신은 오실 때가 되었어요, 어서 오셔요.

당신은 당신의 오실 때가 언제인지 아십니까.

당신의 오실 때는 나의 기다리는 때입니다.

나는 나비가 되어서 당신 숨은 꽃 위에 가서 앉겠습니다

당신은 나의 품으로 오셔요. 나의 품에는 보드라운 가슴이 있습니다.

(4) 쾌락

님이여, 당신은 나를 당신 계신 때처럼 잘 있는 줄로 아십니까.

그러면 당신은 나를 아신다고 할 수가 없습니다.

당신이 나를 두고 멀리 가신 뒤로는 나는 기쁨이라고는 달도 없는 가을하늘에 외기러기의

발자취만치도 없습니다.

나는 당신이 가신 뒤에 이 세상에서 얻기 어려운 쾌락이 있습니다. 그것은 다른 것이 아니라

 이따금 실컷 우는 것입니다.

(5) 고대(苦待)

당신은 나로 하여금 날마다 날마다 당신을 기다리게 합니다.

해가 저물어 산그림자가 촌집을 덮을 때에 나는 기약없는 기대를 가지고 마을 숲 밖에 가서

기다리고 있습니다.

당신은 나로 하여금 날마다 날마다 당신을 기다리게 합니다.

어둠의 입이 황혼의 엷은 빛을 삼킬 때에 나는 시름없이 서서 당신을 기다립니다.

나의 '기다림'은 나를 찾다가 못찾고 저의 자신까지 잃어 버렸습니다.

이상 열거한 5편의 시를 시공(時空)을 초월하여, 우리의 이웃집 어느시인의 이름 아무개로 발표하게 되면, 지금이라도 독자들은 그리움 가득한 기다림의 연정시(戀情詩)로 손색없이 읽을 것이다.

그러나 동일한 시를 한세기 전에 쓴 나라 잃고 노심초사 동분서주하던 승려 · 독립운동가 · 시인의 이름을 표기해서 주어 읽게 하면 화자가 말하고 있는 내면의 소망이 무엇인지 비로소 파악하게 될 것이다.

(* 2025년 '제12호 한국문예' 문학평론(가) 심사요청 작,
2025년 8월 송영기)

송영기 의 [만해 한용운 연보로 본 일생과 시평(詩評)]에 대한 심사평

" 작가 연보를 통한 작품가치 언급 "

사상이나 감정을 언어로 표현한 예술인 문학작품의 구조 및 가치를 작가의 창작 방법과 세계관의 일정한 기준과 관점에 따라 검토하여 판단하는 작가론과 문학사론 또는 평전과, 시대의 풍속 변화에 따라 작품의 주제와 형식과 문학의 사회적 영향과 세상 만물의 색깔과 감정의 변화에 대한 작가의 문학적 성과를 논급하는 문학평론 부문에 송영기 시조 시인의 "만해 한용운 연보로 본 일생과 시평"을 기대 찬 눈길로 선정합니다.

송영기 시조 시인은 이미 문학적 역량을 한국 시조 시단에서 널리 중진으로 알리고 있어, 자칫 문학평론이 문학작품에 관하여 엄격하게 체계적으로 서론 본론 결론으로 논술하여 학술적 연구 논술로 그 가치를 잃는 염려를 접어둘 수 있기 때문입니다.

문학작품에 대한 엄격하고 열성적 애정을 가지고 작품을 통해서 작가를, 작가의 연보를 통해서 작품의 예술적 가치를 언급하는 새로운 창작의 영역으로서의 문학비평의 성과를 이루시기를 기대합니다.

2025년 8월 20일
〈심사위원 정순영(글) · 오동춘 · 조성국 · 서병진〉